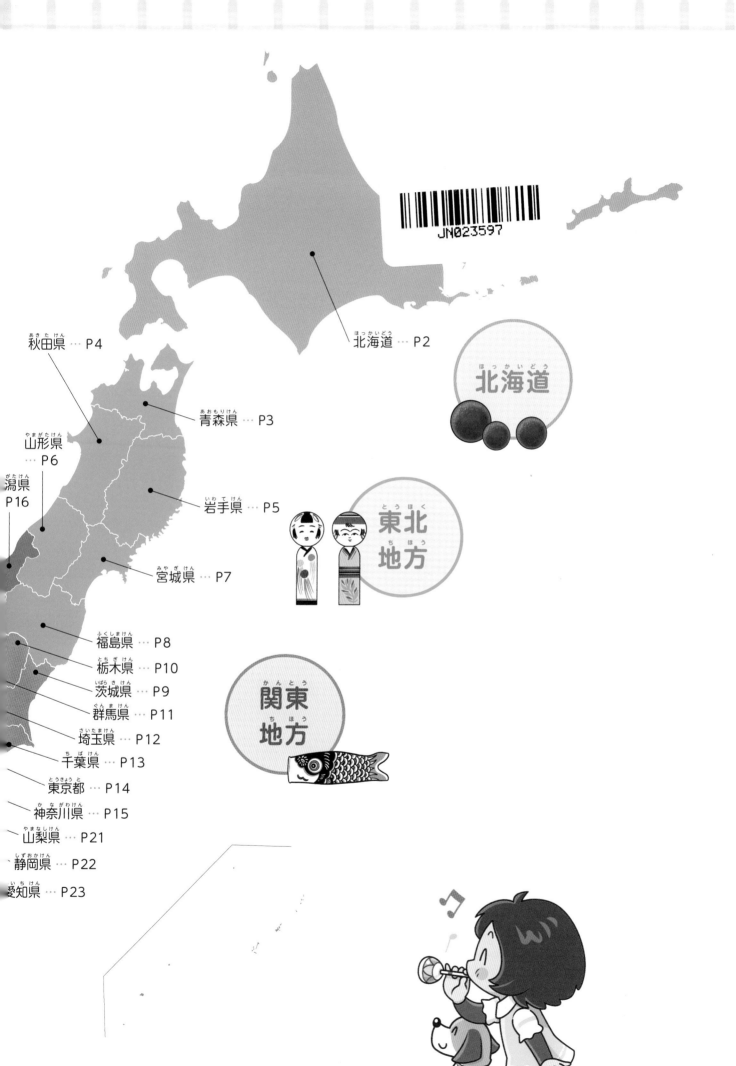

JN023597

北海道

東北地方

関東地方

この本の楽しみかた

都道府県庁所在地

都道府県名

面積

問題

分県図

人口
（住民基本台帳人口, 2022年）

関連するデータ

パズル

くわしく学べるポイント

こたえのページ

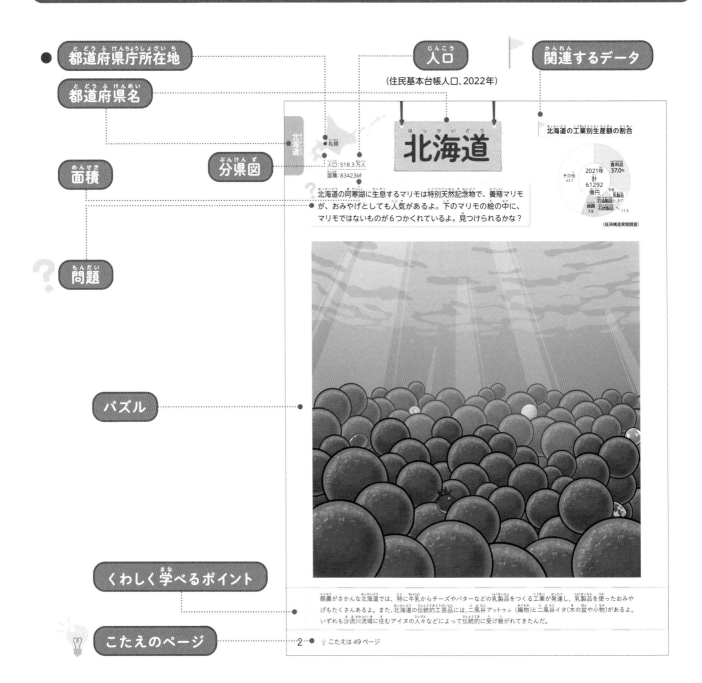

北海道

人口：518.3万人
面積：83423㎢

北海道の阿寒湖に生息するマリモは特別天然記念物で、養殖マリモが、おみやげとしても人気があるよ。下のマリモの絵の中に、マリモではないものが6つかくれているよ。見つけられるかな？

北海道の工業別生産額の割合

2021年
計
61292
億円

食料品 37.0%

その他 43.7

うち
乳製品
石油製品 5.7
石炭製品

鉄鋼
7.0

パルプ
紙製品 11.5

（経済構造実態調査）

酪農がさかんな北海道では、特に牛乳からチーズやバターなどの乳製品をつくる工業が発達し、乳製品を使ったおみやげもたくさんあるよ。また、北海道の伝統的工芸品には、二風谷アットゥシ（織物）と二風谷イタ（木の盆や小物）があるよ。いずれも沙流川流域に住むアイヌの人々などによって伝統的に受け継がれてきたんだ。

知らないほうが楽しめる！必勝

都道府県パズル

③ おみやげ・工芸品 ほか

国土社編集部／編

北海道
ほっかいどう

●札幌
さっぽろ

人口：518.3万人
じんこう　　　　　まんにん

面積：83423㎢
めんせき

北海道の工業別生産額の割合
ほっかいどう　こうぎょうべつせいさんがく　わりあい

2021年
ねん
計
けい
61292
億円
おくえん

食料品 37.0%
しょくりょうひん

その他 43.7
た

乳製品 5.7
にゅうせいひん
うち

石油製品・石炭製品 11.5
せきゆせいひん　せきたんせいひん

鉄鋼 7.8
てっこう

（経済構造実態調査）
けいざいこうぞうじったいちょうさ

? 北海道の阿寒湖に生息するマリモは特別天然記念物で、養殖マリモ
ほっかいどう　あかんこ　せいそく　　　　　　とくべつてんねんきねんぶつ　　ようしょく
が、おみやげとしても人気があるよ。下のマリモの絵の中に、
にんき　　　　　　　した　　　　　え　なか
マリモではないものが6つかくれているよ。見つけられるかな？
み

酪農がさかんな北海道では、特に牛乳からチーズやバターなどの乳製品をつくる工業が発達し、乳製品を使ったおみや
らくのう　　　　　　ほっかいどう　　とく　ぎゅうにゅう　　　　　　　　　　　　にゅうせいひん　　　　　こうぎょう　はったつ　にゅうせいひん　つか
げもたくさんあるよ。また、北海道の伝統的工芸品には、二風谷アットゥシ（織物）と二風谷イタ（木のお盆や小物）が
ほっかいどう　でんとうてきこうげいひん　　　にぶたに　　　　　　おりもの　にぶたに　　き　ぼん　こもの
あるよ。いずれも沙流川流域に住むアイヌの人々などによって伝統的に受け継がれてきたんだ。
さるがわりゅういき　す　　　　　ひとびと　　　　　　でんとうてき　う　つ

青森
青森（あおもり）

人口（じんこう）：124.3万人
面積（めんせき）：9645㎢

青森県（あおもりけん）

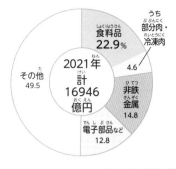

食料品（しょくりょうひん）
22.9%

うち
部分肉・（ぶぶんにく）
冷凍肉（れいとうにく）
4.6

2021年（ねん）
計（けい）
16946
億円（おくえん）

その他（た）
49.5

非鉄（ひてつ）
金属（きんぞく）
14.8

電子部品など（でんしぶひん）
12.8

（経済構造実態調査）

? 青森県（あおもりけん）の伝統的工芸品（でんとうてきこうげいひん）は、漆器（しっき）の津軽塗（つがるぬり）だけなんだ。津軽塗（つがるぬり）の木地（きじ）には、ヒバが使（つか）われるよ。見本（みほん）のヒバのシルエットとまったく同（おな）じ絵（え）は、1～5のうち、どれかな？

見本（みほん） ヒバ

こたえ

1

2

3

4

5

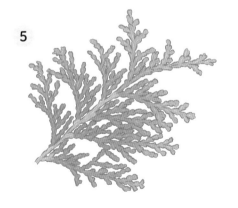

津軽塗（つがるぬり）は、弘前（ひろさき）を中心（ちゅうしん）とする青森県西部（あおもりけんせいぶ）の津軽地方（つがるちほう）で江戸時代（えどじだい）からつくられてきたとされる漆器（しっき）で、木地（きじ）に使（つか）われる津軽（つがる）ヒバは、秋田（あきた）スギ（4ページ）や木曽（きそ）ヒノキとともに日本三大美林（にほんさんだいびりん）の1つに数（かぞ）えられているんだ。青森県（あおもりけん）では食料品工業（しょくりょうひんこうぎょう）の生産額（せいさんがく）が最（もっと）も多（おお）く、特（とく）に八戸（はちのへ）周辺（しゅうへん）での養鶏（ようけい）や養豚（ようとん）による豚肉（ぶたにく）と鶏肉（とりにく）の生産（せいさん）がさかんだよ。

こたえは49ページ

3

秋田県（あきたけん）

●秋田（あきた）

人口（じんこう）：95.6万人

面積（めんせき）：11637㎢

秋田県（あきたけん）の大館曲（おおだてま）げわっぱは、江戸時代（えどじだい）からつくられてきた伝統（でんとう）的工芸品（てきこうげいひん）だよ。曲（ま）げわっぱの弁当箱（べんとうばこ）の中（なか）をうまく通（とお）りぬけて、スタートからゴールをめざそう。

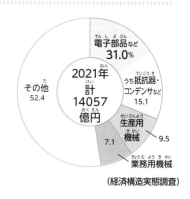

秋田県（あきたけん）の工業別生産額（こうぎょうべつせいさんがく）の割合（わりあい）

2021年（ねん）計（けい）14057億円（おくえん）

電子部品（でんしぶひん）など 31.0%

うち抵抗器（ていこうき）・コンデンサなど 15.1

生産用（せいさんよう）機械（きかい） 9.5

業務用機械（ぎょうむようきかい） 7.1

その他（た） 52.4

（経済構造実態調査）

スタート

ゴール

大館曲（おおだてま）げわっぱは、秋田（あきた）スギを薄（うす）く削（けず）った板（いた）を独自（どくじ）の技術（ぎじゅつ）で曲（ま）げてつくるため、美（うつく）しい木目（もくめ）と香（かお）りが特徴（とくちょう）で、弁当箱（べんとうばこ）やおひつなどが有名（ゆうめい）だよ。秋田県（あきたけん）の伝統的工芸品（でんとうてきこうげいひん）は、ほかに川連漆器（かわつらしっき）・樺細工（かばざいく）・秋田杉桶樽（あきたすぎおけたる）があるんだ。秋田（あきた）・にかほ・由利本庄（ゆりほんじょう）などに電子部品（でんしぶひん）の工場（こうじょう）が集積（しゅうせき）していて、秋田県（あきたけん）の工業（こうぎょう）の中心的（ちゅうしんてき）な役割（やくわり）を担（にな）っているよ。

岩手県

人口：120.6万人
面積：15275km²

? 岩手県の伝統的工芸品である南部鉄器には、鉄瓶や茶の湯釜、日用品などたくさんの種類があるよ。見本の南部鉄器とまったく同じ絵は、1 〜 5 のうち、どれかな？

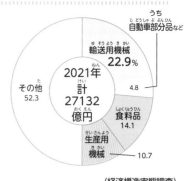

岩手県の工業別生産額の割合

2021年
計
27132
億円

輸送用機械 **22.9%**
自動車部品など
4.8
食料品 14.1
生産用機械 10.7
その他 52.3

（経済構造実態調査）

こたえ

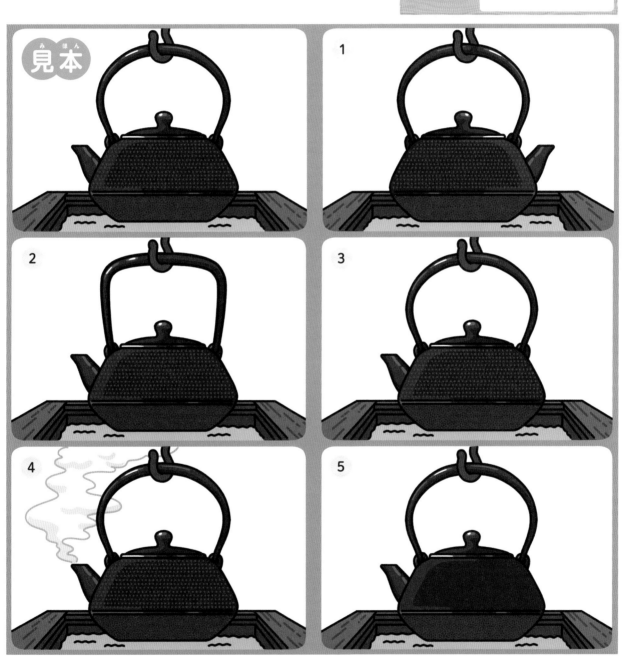

見本

1

2

3

4

5

南部鉄器の生産は、盛岡と水沢（現在の奥州市）の2つの産地で発達してきたんだよ。岩手県の伝統的工芸品は、ほかに秀衡塗・浄法寺塗・岩谷堂箪笥があるよ。2011年の東日本大震災以降、岩手県と宮城県に世界的な自動車メーカーの開発・生産拠点が進出し、そのまわりには自動車部品などをつくる関連工場もあるんだ。

こたえは 49 ページ

山形県
やまがたけん

人口：105.6万人
面積：9323㎢

山形

山形県
やまがたけん

? 山形県の天童は将棋のまちとして有名で、天童将棋駒は伝統的工芸品に指定されているよ。見本と同じ将棋駒は、将棋盤の上に、いくつ見つけられるかな？

▶ 山形県の工業別生産額の割合

23.3%
電子部品など

2021年
計
30239
億円

うち
集積回路
10.2

その他
55.9

食料品
11.1

化学
9.7

（経済構造実態調査）

こたえ　　　　こ

見本
みほん

王将

天童将棋駒は、全国の将棋駒生産のほとんどを占めるといわれている特産品で、文字を漆で盛りあげてつくられた最高級品は、プロ棋士の対戦にも使われているんだ。山形県の伝統的工芸品は、ほかに置賜紬・山形鋳物・山形仏壇・羽越しな布があるんだ。山形県では、かつて航空機やミシンを生産していたことなどを背景に、電子工業が発達してきたよ。

仙台（せんだい）

宮城県（みやぎけん）

人口（じんこう）：226.8万人（まんにん）
面積（めんせき）：7282km²

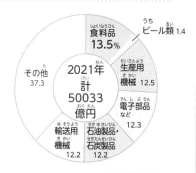
宮城県（みやぎけん）の工業別生産額（こうぎょうべつせいさんがく）の割合（わりあい）

食料品（しょくりょうひん）13.5%
ビール類（るい）1.4
生産用機械（せいさんようきかい）12.5
電子部品（でんしぶひん）など 12.3
石油製品（せきゆせいひん）・石炭製品（せきたんせいひん）12.2
輸送用機械（ゆそうようきかい）12.2
その他（た）37.3
2021年（ねん）計（けい）50033億円（おくえん）

（経済構造実態調査）

宮城県（みやぎけん）

? 宮城県内（みやぎけんない）の5つの系統（けいとう）のこけしが、宮城伝統（みやぎでんとう）こけしとして伝統的工芸品（でんとうてきこうげいひん）に指定（してい）されているよ。下（した）のたくさんのこけしの中（なか）に、見本（みほん）のこけしが、1つだけかくれているよ。見（み）つけられるかな？

見本（みほん）

宮城伝統（みやぎでんとう）こけしがどのくらいの震度（しんど）の地震（じしん）で倒（たお）れるかという実験（じっけん）から生（う）まれた、倒（たお）れると自動的（じどうてき）にLED（エルイーディー）ライトがつく防災用（ぼうさいよう）のこけしが、東日本大震災以降（ひがしにほんだいしんさいいこう）に注目（ちゅうもく）を集（あつ）めたんだ。宮城県（みやぎけん）の伝統的工芸品（でんとうてきこうげいひん）は、ほかに雄勝硯（おがつすずり）・鳴子漆器（なるこしっき）・仙台箪笥（せんだいだいたんす）があるよ。宮城県（みやぎけん）では東北自動車道（とうほくじどうしゃどう）などの高速道路（こうそくどうろ）の近（ちか）くに、電子部品（でんしぶひん）や自動車部品（じどうしゃぶひん）をつくる工場（こうじょう）があるよ。

💡 こたえは49ページ

7

福島県

人口：184.1万人
面積：13784km²

福島県の工業別生産額の割合

化学 12.9%
うち 医薬品製剤など 5.7
電子部品など 10.1
輸送用機械 7.9
その他 69.1

2021年
計 51627
億円

（経済構造実態調査）

？ 会津張り子の赤べこや起き上がり小法師は、福島県の会津地方でつくられている郷土玩具だよ。見本の会津張り子を鏡に映したとき、まったく同じ絵は、1 〜 8 のうち、どれかな？

こたえ

見本

1

2

3

4

5

6

7

8

「べこ」は東北地方の方言で牛のことで、赤べこは子どもたちが天然痘などの伝染病にかからないようにという願いがこめられた縁起物だよ。張り子細工は、型に紙を貼り重ねて形をつくり、糊が乾いてから型をぬいて仕上げるんだ。
福島県の伝統的工芸品には、会津塗・大堀相馬焼・会津本郷焼・奥会津編み組細工・奥会津昭和からむし織があるよ。

水戸

茨城県
(いばらきけん)

人口：289.0万人
面積：6097㎢

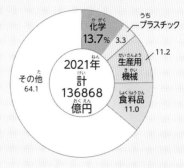

茨城県の工業別生産額の割合

- 化学 13.7％
  - うち プラスチック 3.3
- 生産用機械 11.2
- 食料品 11.0
- その他 64.1

2021年 計 136868億円

(経済構造実態調査)

? 結城紬は、無形文化遺産にも登録されている高級な絹織物なんだよ。下の絵の着物の中には、「紬」という漢字が1文字だけかくれているよ。どこにあるのか、見つけられるかな？

鬼怒川流域を産地とする結城紬は茨城県と栃木県の伝統的工芸品で、カイコのマユを真綿にしてから指で絹糸を引き出す「糸つむぎ」など、昔ながらの技法が守られてきたよ。茨城県の伝統的工芸品は、ほかに笠間焼・真壁石燈籠があるよ。また、神栖や鹿嶋に広がる鹿島臨海工業地域には、大規模な石油化学コンビナートがあるんだ。

💡 こたえは50ページ

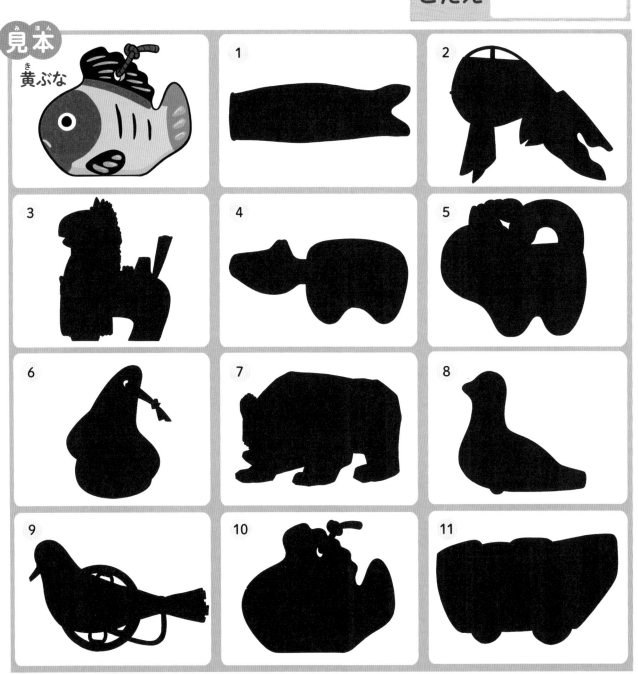

宇都宮

栃木県

人口：194.2万人
面積：6408km²

栃木県の工業別生産額の割合

輸送用機械 11.7%
うち 自動車部分品など 7.9
飲料・たばこ・飼料 11.1
2021年 計 85761 億円
電気機械 9.6
その他 67.6

（経済構造実態調査）

? 栃木県の宇都宮の郷土玩具である黄ぶなは、伝染病よけの縁起物だよ。見本の黄ぶなの絵とまったく同じシルエットは、1 〜 11 のうち、どれかな？

こたえ

見本
黄ぶな

1
2
3
4
5
6
7
8
9
10
11

江戸時代に天然痘（8ページ）が流行したとき、川で釣った黄色いフナを食べた村人の病気が治ったという言い伝えから、張り子の黄ぶなが縁起物になったといわれているんだ。栃木県の伝統的工芸品には、結城紬・益子焼があるよ。関東内陸工業地域の一部である栃木県は、自動車メーカーの開発・生産拠点などがあり、機械工業が発達しているよ。

前橋

人口：194.3万人
面積：6362㎢

群馬県

? 群馬県の高崎は、全国一のだるまの産地として有名だよ。見本のだるまを左右に回転させたとき、まったく同じ絵は、1 ～ 8 のうち、どれかな？

群馬県の工業別生産額の割合

2021年
計
83831
億円

輸送用機械 31.6%
うち 自動車
部分品など 14.9
食料品 10.2
化学 8.6
その他 49.6

（経済構造実態調査）

こたえ

群馬県

見本

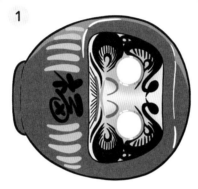
1

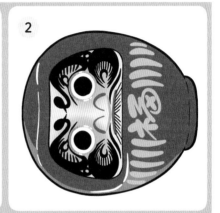
2

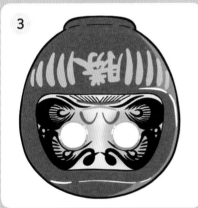
3

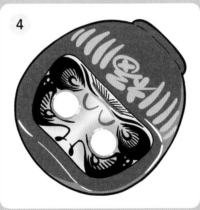
4

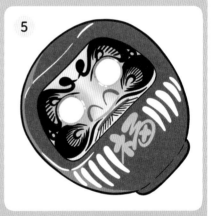
5

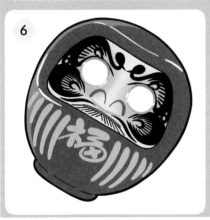
6

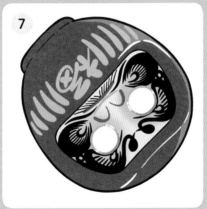
7

8

だるまは、中国で禅宗を開いた達磨大師が座禅を組む姿を真似た張り子の人形だよ。商売繁盛などの願いがこめられ ただるまには、墨で向かって右の目を書き入れ、願いがかなったときに左目を書き入れるという風習があるんだ。群 馬県の伝統的工芸品には、伊勢崎絣・桐生織があるよ。群馬県も、関東内陸工業地域の一部をなしているよ。

こたえは 50 ページ　11

さいたま

人口：738.5万人
面積：3797km²

埼玉県

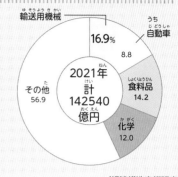

埼玉県の工業別生産額の割合

2021年
計 142540
億円

輸送用機械 16.9%
うち自動車 8.8
食料品 14.2
化学 12.0
その他 56.9

(経済構造実態調査)

？ 埼玉県の加須は、こいのぼりのまちとして有名だよ。見本のこいのぼりの絵とまったく同じシルエットは、1～11のうち、どれかな？

こたえ

埼玉県

見本 こいのぼり

1
2
3
4
5
6
7
8
9
10
11

こいのぼりは、5月5日の端午の節句に、男の子の健康や出世を願って飾られる縁起物で、コイの滝登りにちなんでいるんだよ。埼玉県の伝統的工芸品には、江戸木目込人形・春日部桐箪笥・岩槻人形・秩父銘仙・行田足袋があるよ。
埼玉県は、大消費地である東京に近いため、アイスクリームなどの食料品をつくる工場がたくさんあるんだ。

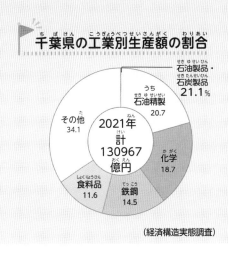

千葉県の工業別生産額の割合

石油製品・石炭製品 21.1%

うち石油精製 20.7

その他 34.1

2021年 計 130967 億円

化学 18.7

鉄鋼 14.5

食料品 11.6

（経済構造実態調査）

千葉県

●千葉

人口：631.0万人
面積：5156㎢

? 千葉県の千葉や銚子では、藤の家具や日用品が手作業でつくられているよ。藤の家具の中をうまく通りぬけて、スタートからゴールをめざそう。

※黒い線のところだけは越えられないよ。黒い線をさけてゴールをめざそう。

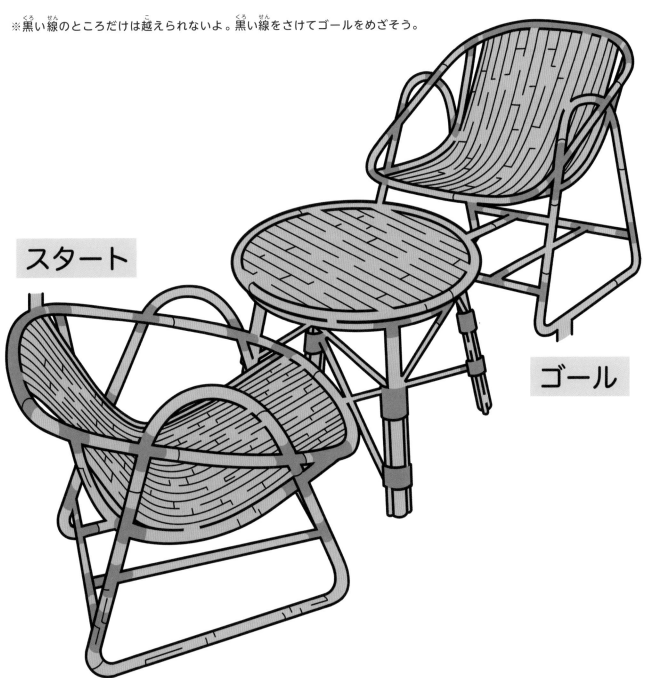

スタート

ゴール

ヤシ科の植物である藤（ラタン）は軽くて丈夫で弾力・光沢があり、角がない籠やテーブル・イスなど藤でできた家具の人気は根強いんだ。千葉県の伝統的工芸品には、房州うちわ・千葉工匠具があるよ。千葉県の東京湾岸には、大規模な石油化学コンビナート・製鉄所・火力発電所などが集まり、京葉工業地域を形成しているんだよ。

東京(新宿区)●

東京都
とうきょうと

人口:1379.4万人

面積:2194km²

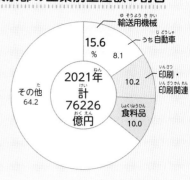

東京都の工業別生産額の割合
とうきょうと こうぎょうべつせいさんがく わりあい

輸送用機械
ゆそうようきかい

15.6%

うち自動車
じどうしゃ

8.1

印刷・
いんさつ
印刷関連
いんさつかんれん

10.2

2021年
計
76226
億円

食料品
しょくりょうひん

10.0

その他
た
64.2

(経済構造実態調査)

? 布や綿を使って立体的な絵に仕立てる江戸押絵は、東京都の伝統的工芸品だよ。下の1〜104の点を順番にたどると、江戸押絵でつくられたあるものがあらわれるよ。なにがあらわれるかな?

こたえ

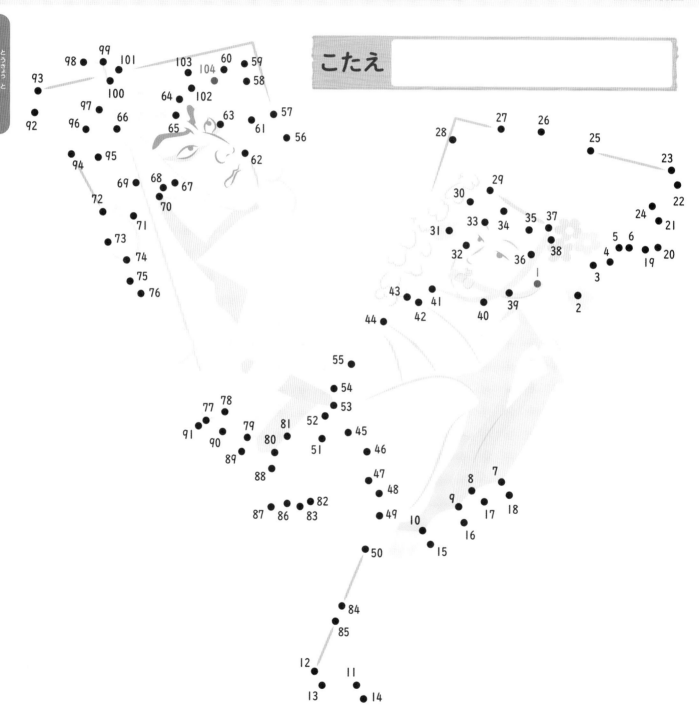

1700年代の東京は江戸と呼ばれ、人口100万人を超える世界一の大都市で、職人がつくる工芸品も発達したんだ。東京都の伝統的工芸品は22もあり、江戸和竿・江戸指物・江戸切子・江戸押絵など「江戸」という名がつくものが半数を占めているよ。現在の東京都は情報が集まるため、印刷・印刷関連業がさかんという工業の特色があるよ。

神奈川県

人口:921.5万人

面積:2416km²

神奈川県の箱根寄木細工は、自然の木材の色だけで、不思議な模様を生み出す伝統的工芸品だよ。寄木細工の模様の中をうまく通りぬけて、スタートからゴールをめざそう。

神奈川県の工業別生産額の割合

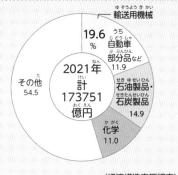

輸送用機械
19.6%
自動車
部分品など 11.9
その他 54.5
2021年
計
173751
億円
石油製品・石炭製品 14.9
化学 11.0

(経済構造実態調査)

※黒い線のところだけは越えられないよ。黒い線をさけてゴールをめざそう。

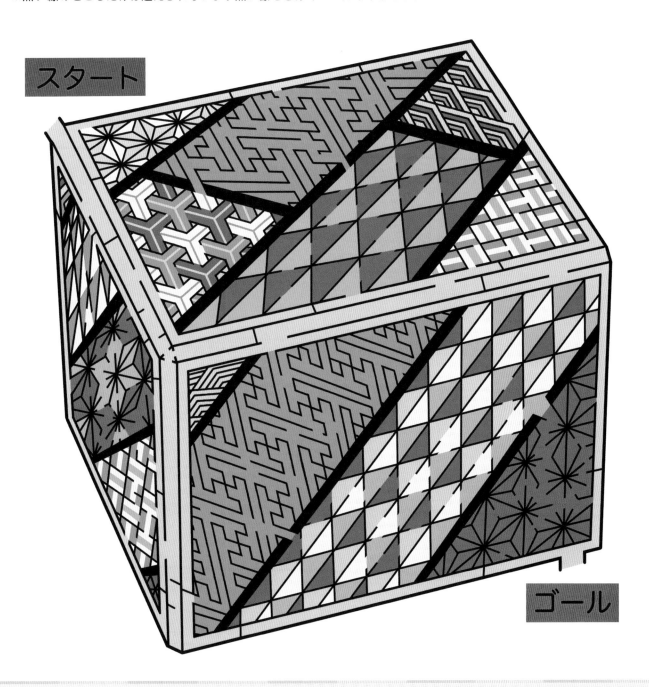

スタート

ゴール

箱根寄木細工は、さまざまな色の自然の木を同じ形に切り、それらを貼り合わせて寄木にすることで、鮮やかな模様を生み出すんだ。神奈川県の伝統的工芸品は、ほかに鎌倉彫・小田原漆器があるよ。神奈川県は、石油化学コンビナートがある川崎と、自動車の組立工場がある横浜を中心に、東京都とともに京浜工業地帯を形成しているんだ。

こたえは51ページ

新潟県
にいがたけん

人口：218.8万人
面積：12583km²

? 新潟県の燕は、スプーン・フォークなど金属洋食器（カトラリー）の生産で有名だよ。🍴 → 🍴 → 🔪 の順番になるようにすすんで、スタートからゴールをめざそう。

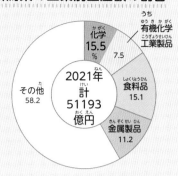

新潟県の工業別生産額の割合

有機化学
工業製品 7.5

化学
15.5
%

その他
58.2

2021年
計
51193
億円

食料品
15.1

金属製品
11.2

（経済構造実態調査）

新潟県
にいがたけん

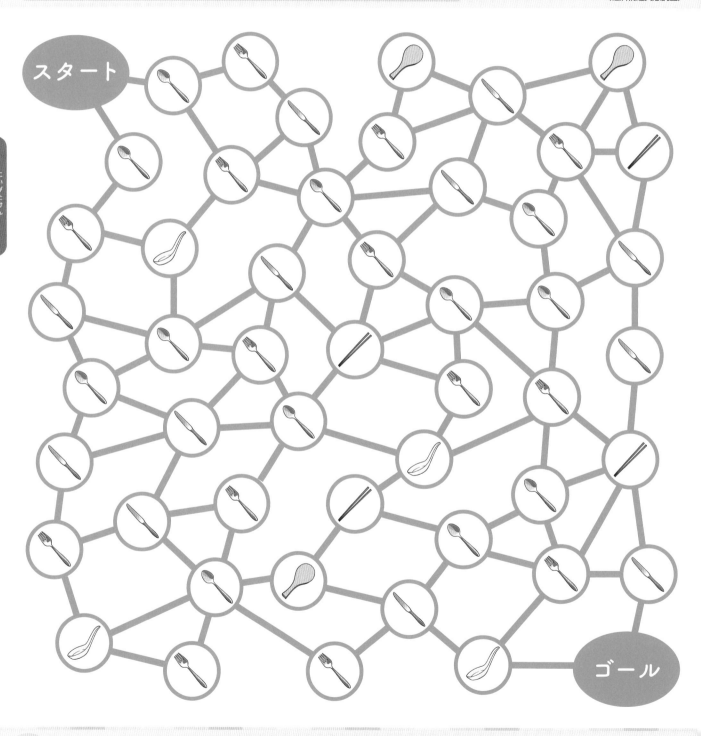

スタート

ゴール

雪が降り積もる冬に農業をできない北陸地方では、農家の副業として伝統工業が発達し、新潟県では16もの伝統的工芸品が指定されているんだ。燕では和釘づくりが発達し、現在のカトラリーなど金属製品づくりにつながったよ。
新潟県の新潟では、メタノールの生産などの化学工業や、せんべいなどをつくる食料品工業がさかんだよ。

とやま
富山

人口：103.7万人
面積：4247km²

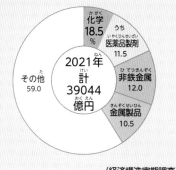

2021年
計
39044
億円

化学 18.5%
うち医薬品製剤 11.5

非鉄金属 12.0

金属製品 10.5

その他 59.0

（経済構造実態調査）

❓ 富山県の高岡銅器は、銅の合金で美術品や仏具などをつくる伝統的工芸品だよ。見本の銅器とまったく同じ絵が、①〜⑪の中に3つあるよ。見つけられるかな？

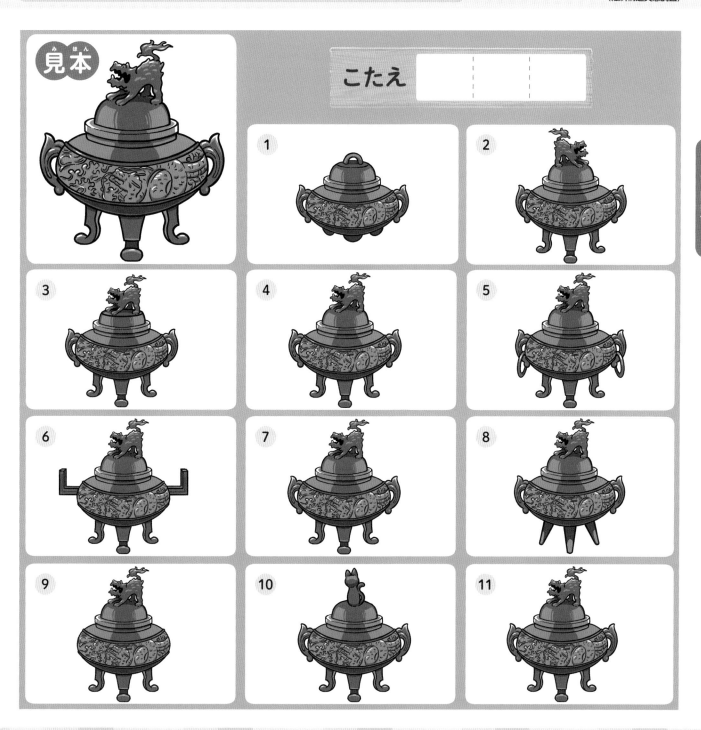

見本

こたえ

富山県

高岡銅器をつくるのに、青銅をはじめ、白銅や真鍮といった銅の合金が使われるよ。富山県の伝統的工芸品は、ほかに井波彫刻・高岡漆器・越中和紙・庄川挽物木地・越中福岡の菅笠があるよ。「越中富山の薬売り」と言われるように、富山県には今も多くの製薬会社があり、医薬品の生産拠点となっているんだ。

💡 こたえは51ページ

17

石川県
（いしかわけん）

●金沢（かなざわ）

人口（じんこう）：112.4万人（まんにん）
面積（めんせき）：4186k㎡

石川県の工業別生産額の割合
（いしかわけん）（こうぎょうべつせいさんがく）（わりあい）

生産用機械（せいさんようきかい）
28.9%

うち
建設機械・鉱山機械（けんせつきかい・こうざんきかい）
15.7

2021年（ねん）
計（けい）
28017
億円（おくえん）

その他（た）
52.2

電子部品など（でんしぶひん）
13.2

化学（かがく）
5.7

（経済構造実態調査）

? 石川県（いしかわけん）の伝統的工芸品（でんとうてきこうげいひん）で能登半島（のとはんとう）が産地（さんち）の輪島塗（わじまぬり）は、蒔絵（まきえ）や沈金（ちんきん）の豪華（ごうか）な模様（もよう）が描（えが）かれる漆器（しっき）だよ。❶〜❹を、沈金（ちんきん）の工程（こうてい）がすすんでいく順番（じゅんばん）になるように並（なら）べかえよう。

石川県（いしかわけん）

こたえ 　　　→　　　→　　　→

❶ 箔置き・金入れ（はくおき・きんいれ）

漆（うるし）を塗（ぬ）りこんだところに
金箔（きんぱく）や金粉（きんぷん）を沈（しず）める

❷ 素掘り（すぼり）

ノミで下絵（したえ）の点（てん）や
線（せん）の溝（みぞ）を彫（ほ）る

❸ 置き目（おきめ）

漆（うるし）を塗（ぬ）った器（うつわ）に和紙（わし）の
下絵（したえ）を写（うつ）す

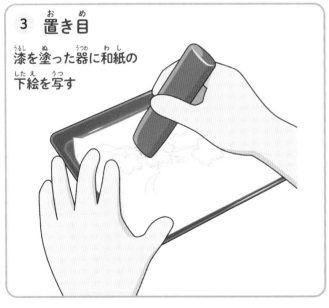

❹ 漆の擦りこみ（うるしのすりこみ）

溝（みぞ）に漆（うるし）を塗（ぬ）りこみ、
余分（よぶん）な漆（うるし）をふきとる

蒔絵（まきえ）は漆器（しっき）の表面（ひょうめん）に漆（うるし）で絵（え）を描（えが）き、その漆（うるし）に金粉（きんぷん）をつけていくのに対（たい）し、沈金（ちんきん）は彫（ほ）った溝（みぞ）に漆（うるし）を擦（す）りこみ、金箔（きんぱく）や金粉（きんぷん）で埋（う）めるんだ。石川県（いしかわけん）では、ほかに加賀友禅（かがゆうぜん）・九谷焼（くたにやき）・山中漆器（やまなかしっき）など合計（ごうけい）10の伝統的工芸品（でんとうてきこうげいひん）が指定（してい）されているよ。石川県（いしかわけん）では、ブルドーザーなどの建設機械（けんせつきかい）は小松（こまつ）で、ドリルなどの工作機械（こうさくきかい）は白山（はくさん）などでの生産（せいさん）がさかんだよ。

●福井

福井県

人口：76.7万人
面積：4190㎢

福井県の工業別生産額の割合

電子部品など
17.6%

うち抵抗器・コンデンサなど
9.9

2021年
計
23952
億円

化学
9.7

せんい
8.9

その他
63.8

（経済構造実態調査）

？ 福井県の鯖江は、メガネのフレームの一大産地で、福井県の
メガネ枠の生産額は全国一なんだ。見本のメガネとまったく
同じ絵は、1 〜 11 のうち、どれかな？

見本

こたえ

1

2

3

4

5

6

7

8

9

10

11

福井県の鯖江では、明治時代に農家の冬の副業としてメガネづくりが始まり、活字を読む文化の広まりとともに発達し
ていったんだ。福井県の伝統的工芸品は、越前漆器・越前和紙・若狭めのう細工・若狭塗・越前打刃物・越前焼・越
前箪笥があるよ。福井県はせんい工業がさかんなのも特徴で、特に働く人の数は愛知県に次いで全国2位だよ。

💡 こたえは 51 ページ

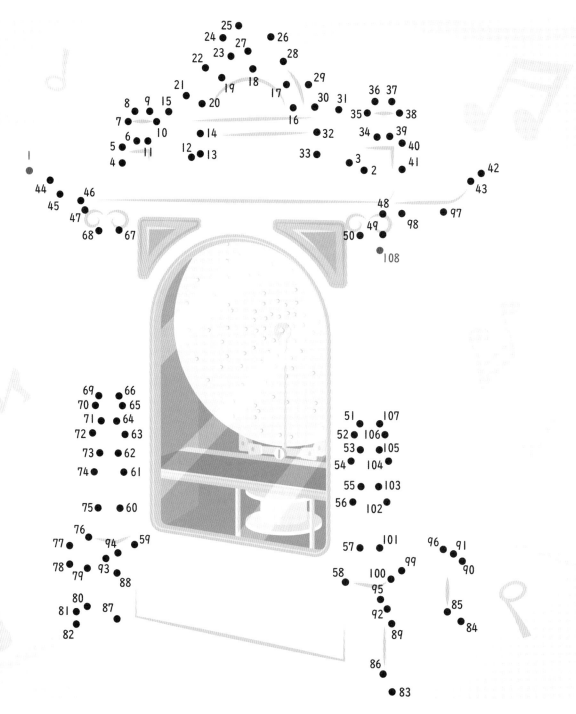

長野
なが の

長野県
ながのけん

人口：205.6万人
じんこう まんにん

面積：13561km²
めんせき

? 長野県の諏訪盆地では、時計やオルゴールをつくる精密機械工業が発達したよ。下の1〜108の点を順番にたどると、大きなオルゴールの形があらわれてくるよ。どんな形のオルゴールかな？

長野県
なが の けん

長野県の工業別生産額の割合
ながのけん こうぎょうべつせいさんがく わりあい

情報通信機械
じょうほうつうしんきかい

15.5%
印刷装置
いんさつそうち
8.9

2021年
ねん
計
けい
66464
億円
おくえん

電子部品
でんしぶひん
など
14.2

生産用
せいさんよう
機械
きかい
13.9

その他
た
56.4

（経済構造実態調査）

諏訪盆地では、第二次世界大戦中の空襲を避けて大都市の工場が移転してきて精密機械工業が発達し、東洋のスイスと呼ばれていたよ。今も顕微鏡・腕時計・カメラのレンズ・プリンターの生産額は長野県が全国一だ。長野県の伝統的工芸品は、信州紬・木曽漆器・飯山仏壇・松本家具・内山紙・南木曽ろくろ細工・信州打刃物があるよ。

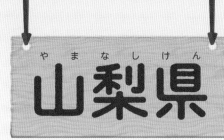

山梨県

<ruby>甲府<rt>こうふ</rt></ruby>

<ruby>人口<rt>じんこう</rt></ruby>：81.6万人
<ruby>面積<rt>めんせき</rt></ruby>：4465km²

山梨県の工業別生産額の割合

<ruby>生産用機械<rt>せいさんようきかい</rt></ruby>
30.6%

うち
<ruby>ロボット<rt></rt></ruby>
16.7

<ruby>その他<rt>た</rt></ruby>
52.7

2021年
<ruby>計<rt>けい</rt></ruby>
27111
<ruby>億円<rt>おくえん</rt></ruby>

<ruby>食料品<rt>しょくりょうひん</rt></ruby>
9.9

6.8

<ruby>飲料<rt>いんりょう</rt></ruby>・
たばこ・
<ruby>飼料<rt>しりょう</rt></ruby>

（経済構造実態調査）

? 山梨県の甲州水晶貴石細工は、水晶などに彫刻をほどこし、磨いて仕上げる伝統的工芸品だよ。見本の水晶を左右に回転させたとき、まったく同じ絵は、①〜⑪のうち、どれかな？

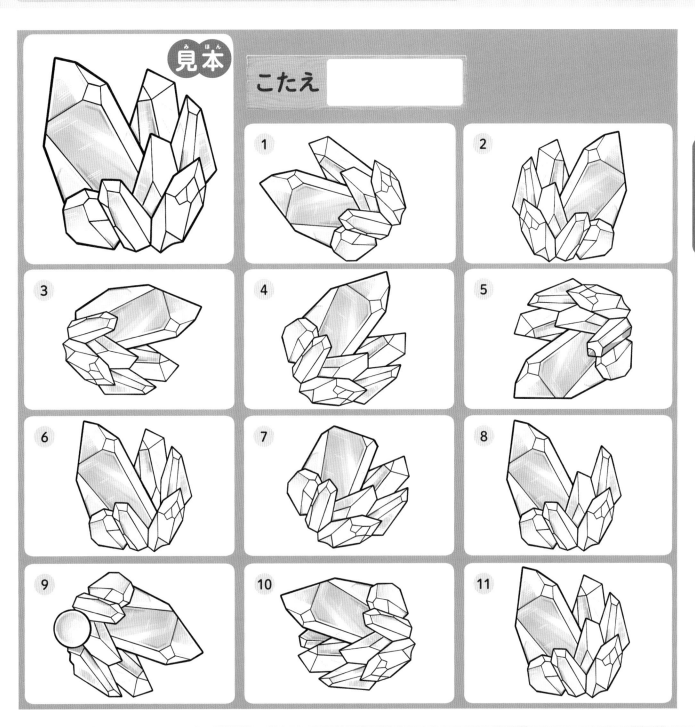

見本

こたえ

1　2　3　4　5　6　7　8　9　10　11

山梨県の甲府では、かつて御岳昇仙峡で水晶の原石がとれたことから、甲州水晶貴石細工がつくられるようになったんだ。山梨県の伝統的工芸品は、ほかに甲州印伝・甲州手彫印章があるよ。山梨県内の富士山のふもとには、工場の自動化に必要な産業用ロボットをつくる世界的なメーカーの本社や工場などが集まっているよ。

こたえは 52 ページ

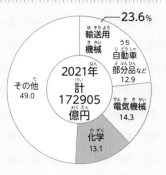

静岡県の工業別生産額の割合

23.6%
輸送用機械
うち 自動車 部分品など 12.9
2021年 計 172905 億円
電気機械 14.3
化学 13.1
その他 49.0

（経済構造実態調査）

静岡県

しずおか●
静岡

人口：365.8万人
面積：7777㎢

？ 静岡県の浜松は楽器づくりがさかんで、三大楽器メーカーの本社が置かれているんだ。下の1〜156までの点を順番にたどると、ある楽器のすがたがあらわれるよ。どんな楽器があらわれるかな？

こたえ

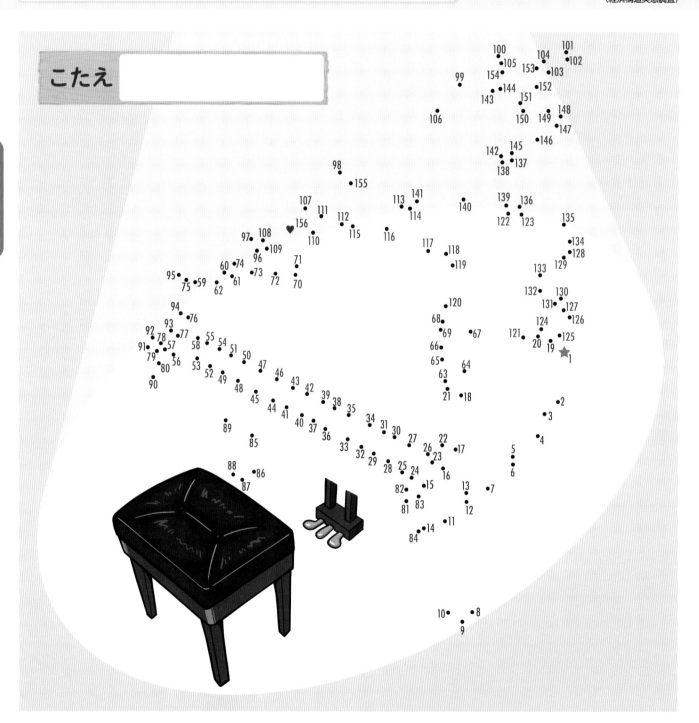

明治時代、山葉寅楠が浜松の小学校のオルガンを修理したことから、日本初のオルガンを製作し、浜松の楽器メーカーが発展したよ。このメーカーが第二次世界大戦中に飛行機のプロペラをつくっていた機械を活用して、戦後はオートバイも製造するようになったんだ。静岡県の伝統的工芸品は、駿河竹千筋細工・駿河雛具・駿河雛人形があるよ。

●名古屋

愛知県

人口：752.8万人
面積：5173㎢

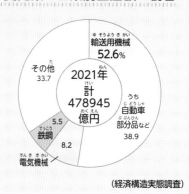

愛知県の工業別生産額の割合

輸送用機械
52.6%

2021年
計
478945
億円

その他
33.7

自動車
部分品など
38.9

鉄鋼
5.5

電気機械
8.2

（経済構造実態調査）

愛知県東部の岡崎や安城などの三河地方は、花火の生産がさかんだよ。花火大会のようすを描いた上下の絵を見くらべて、ちがうところを7つ見つけよう。

岡崎は江戸幕府を開いた徳川家康が生まれた地で、鉄砲に使われる火薬の製造が三河地方だけ正式に許されたんだ。しかし、江戸時代は鉄砲の使用が少なく、観賞用の花火づくりがさかんになったんだ。愛知県の伝統的工芸品は15もあるよ。豊田に世界有数の自動車メーカーがある愛知県の工業生産額は全国一だよ。

こたえは52ページ

岐阜県

人口：199.6万人
面積：10621㎢

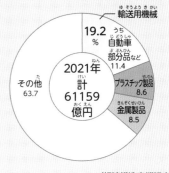

岐阜県の工業別生産額の割合

輸送用機械
19.2 % 自動車
部分品など
11.4

2021年
計
61159
億円

その他
63.7

プラスチック製品
8.6

金属製品
8.5

（経済構造実態調査）

? 岐阜県北部の飛騨地方に伝わるさるぼぼは、縁結び・安産・夫婦円満の願いがこめられた郷土玩具だよ。見本のさるぼぼとまったく同じ絵は、①〜⑩のうち、どれかな？

こたえ

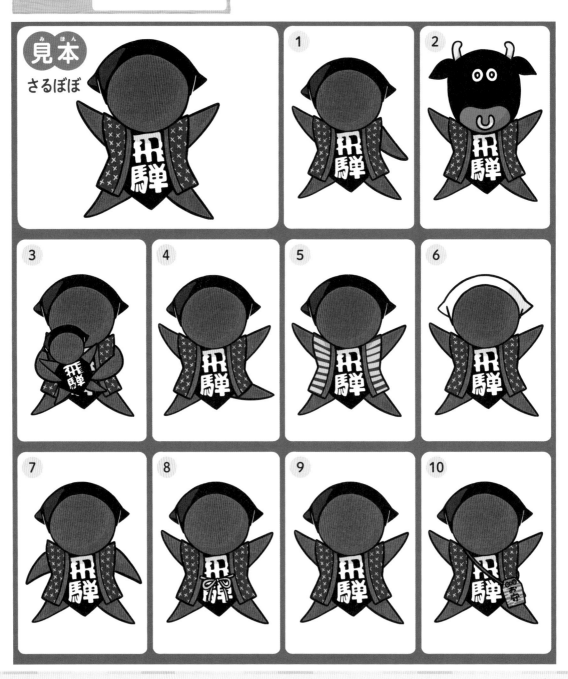

見本
さるぼぼ

① ② ③ ④ ⑤ ⑥ ⑦ ⑧ ⑨ ⑩

岐阜県の伝統的工芸品は、飛騨春慶・一位一刀彫・美濃焼・美濃和紙・岐阜提灯・岐阜和傘があるよ。岐阜県の北部の旧国名は飛騨国、南部の旧国名は美濃国で、さるぼぼは飛騨地方の方言で「猿の赤ちゃん」という意味なんだ。岐阜県では自動車や航空機の部品づくりのほか、シャッターやボルト・ナットなど金属製品の生産もさかんだよ。

津

人口：178.4万人
面積：5774k㎡

三重県（みえけん）

三重県の工業別生産額の割合

2021年
計
110343
億円

輸送用機械　23.7%
　うち自動車　12.2
電子部品など　16.9
化学　12.2
その他　47.2

（経済構造実態調査）

? 三重県の亀山は、ろうそくの生産で有名だよ。ろうそくを広める
ために考案された結婚式のキャンドルサービスのようすを描いた
左右の絵を見くらべて、ちがうところを7つ見つけよう。

三重県

ろうそくは、神仏へのお供え・寺社の行事・提灯などに使われてきたけれど、電灯が広まると、誕生日ケーキや結婚
式用・災害用など別の用途も工夫されてきたんだ。三重県の伝統的工芸品は、伊賀くみひも・四日市萬古焼・鈴鹿
墨・伊賀焼・伊勢形紙があるよ。三重県の鈴鹿には自動車の組立工場が、四日市には石油化学コンビナートがあるよ。

こたえは52ページ

25

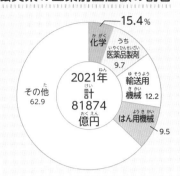

滋賀県

●大津

人口：141.5万人
面積：4017㎢

滋賀県の工業別生産額の割合

15.4%
化学・うち
医薬品製剤
9.7

2021年
計
81874
億円

輸送用
機械 12.2

はん用機械
9.5

その他
62.9

（経済構造実態調査）

? 陶器の信楽焼は、縁起物であるタヌキの置物でも有名な、滋賀県を代表する伝統的工芸品だよ。下の絵の中には、見本の信楽焼が、3つかくれているよ。見つけられるかな？

滋賀県

見本

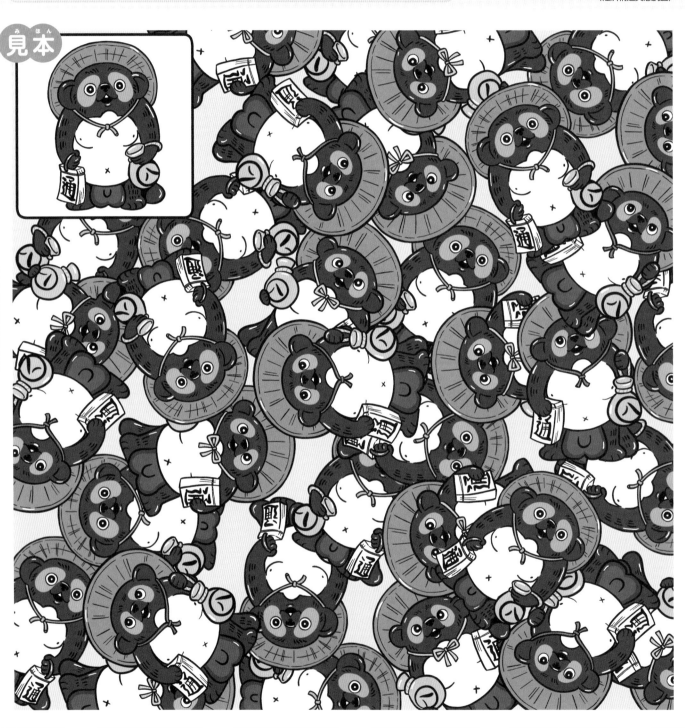

陶器は、長石や珪石を混ぜた粘土を原料に釉薬をかけて焼かれる焼き物だ。磁器は、陶器よりも長石が多く、焼くときの温度も高いため、強度が高くて水を吸いにくいんだ。滋賀県の伝統的工芸品は、ほかに彦根仏壇・近江上布があるよ。滋賀県では日野町や甲賀で古くから薬の行商がおこなわれ、今は製薬のメーカーや工場がたくさんあるよ。

人口：251.1万人
面積：4612㎢

京都

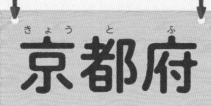
京都府

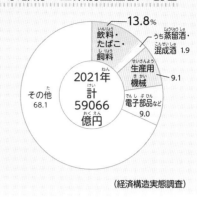
京都府の工業別生産額の割合

- 飲料・たばこ・飼料 13.8%
- うち蒸留酒・混成酒 1.9
- 生産用機械 9.1
- 電子部品など 9.0
- その他 68.1

2021年
計
59066
億円

(経済構造実態調査)

? 京都府の伝統的工芸品は、17も指定されているよ。そのうち、16の伝統的工芸品の名前に、すべて同じ漢字が使われているんだ。下の言葉のすべての○にあてはまる漢字1文字は、なにかな？

こたえ

京都府

京都府の伝統的工芸品

西陣織
○鹿の子絞
○仏壇
○仏具
○漆器
○友禅
○小紋
○指物
○繡

○くみひも
○焼・清水焼
○扇子
○うちわ
○黒紋付染
○石工芸品
○人形
○表具

その他

○料理
○言葉
○町家
○菜
○雀
○野菜
○つけもの

かつて1000年以上にわたって都が置かれた京都には、たくさんの人々が集まり、独特の産業や文化が形成されてきたよ。生活・宗教の儀式・娯楽など日常に使われる用具づくりの高度な技術が、職人によって受け継がれてきたんだ。また、京都府には世界有数のゲームのメーカーがあり、ゲーム用の記録物の工業生産額は全国一なんだ。

こたえは53ページ

27

奈良

奈良

奈良県
（ならけん）

人口：133.5万人
面積：3690k㎡

奈良県の伝統的工芸品として、奈良筆や奈良墨が指定されているよ。筆と墨を使っておこなわれる習字のようすを描いた左右の絵を見くらべて、ちがうところを6つ見つけよう。

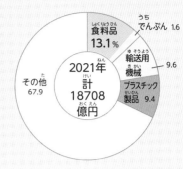

奈良県の工業別生産額の割合

食料品 **13.1**%
うち でんぷん 1.6
輸送用機械 9.6
プラスチック製品 9.4
その他 67.9
2021年 計 18708億円

（経済構造実態調査）

奈良県

嵯峨天皇・橘 逸勢とともに三筆（優れた3名の書道家）のひとりに数えられる弘法大師・空海が、遣唐使として渡った唐（当時の中国）で筆と墨のつくり方を学び帰ったことが、奈良筆・奈良墨の始まりとされているよ。特に墨の生産量は、全国の9割以上を奈良県が占めているんだ。奈良県の伝統的工芸品は、ほかに高山茶筌があるよ。

● 和歌山
人口：93.5万人
面積：4724㎢

和歌山県

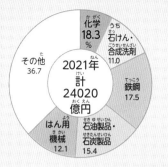

化学 18.3%
うち
石けん・合成洗剤 11.0
その他 36.7
2021年 計 24020 億円
鉄鋼 17.5
はん用機械 12.1
石油製品・石炭製品 15.4

（経済構造実態調査）

和歌山県の有田は、除虫菊から蚊取り線香が生まれたことで有名だよ。見本の蚊取り線香とまったく同じ絵は、1 ～ 8 のうち、どれかな？

こたえ

見本

1
2
3
4
5
6
7
8

明治時代、有田のみかん農家出身の上山英一郎が、殺虫効果のある除虫菊を研究・栽培し、仏壇の線香をヒントに棒状の蚊取り線香を考え出したよ。さらに渦巻き型に進化し、長持ちするようになったんだ。和歌山県の伝統的工芸品は、紀州漆器・紀州箪笥・紀州へら竿があるよ。和歌山では、合成染料の生産を背景に化学工業が発達したよ。

こたえは 53 ページ

人口：880.0万人
面積：1905k㎡

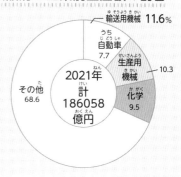

大阪府の工業別生産額の割合

輸送用機械 11.6%
自動車 7.7
生産用機械 10.3
化学 9.5
その他 68.6
2021年 計 186058 億円

（経済構造実態調査）

? 大阪府の伝統的工芸品である堺打刃物は、鍛冶職人の手仕事でつくられる切れ味鋭い刃物だよ。🔪 → ✂ → 🔪 の順番になるようにすすんで、スタートからゴールをめざそう。

大阪府

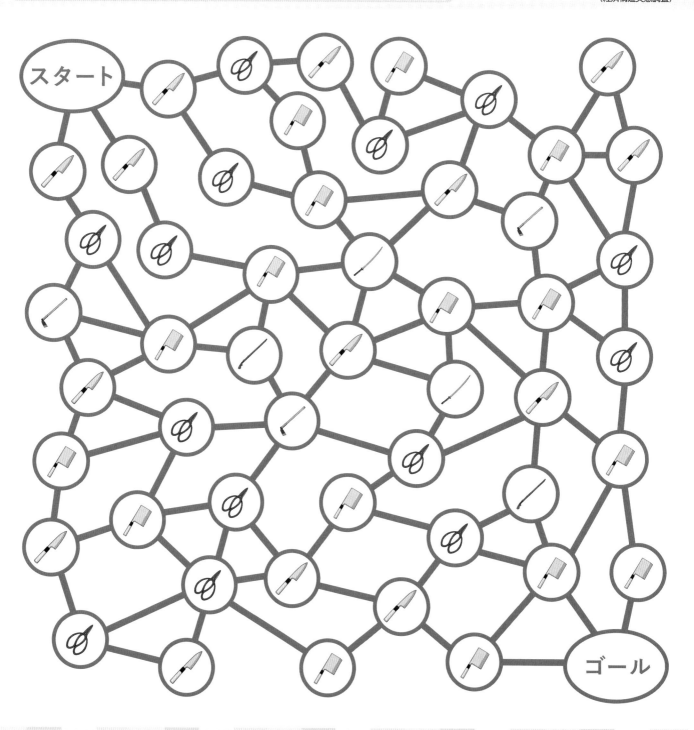

安土桃山時代にポルトガルから鉄砲やタバコが伝来すると、工具や刀をつくる鍛冶のすぐれた職人が集まる堺は鉄砲やタバコ包丁の産地となり、その高い技術が堺打刃物に受け継がれたんだ。大阪府の伝統的工芸品は、ほかに大阪欄間・大阪唐木指物・大阪仏壇・大阪浪華錫器・大阪泉州桐簞笥・大阪金剛簾・浪華本染めがあるよ。

兵庫県

神戸●

人口：548.8万人
面積：8400㎢

化学 13.1 %
医薬品製剤 3.9
鉄鋼 13.0
食品 10.4
その他 63.5
2021年 計 165023 億円

（経済構造実態調査）

兵庫県の伝統的工芸品である豊岡杞柳細工は、柳・藤でつくられた行李（箱型の入れ物）や籠だよ。 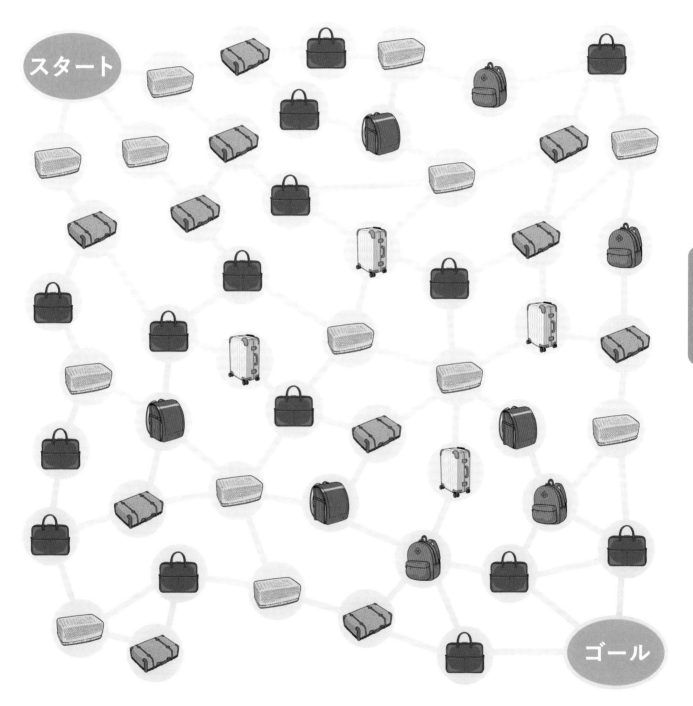 の順番になるようにすすんで、スタートからゴールをめざそう。

スタート

ゴール

兵庫県

円山川の川原に自生していた柳で行李が編まれてきた豊岡では、その技術が受け継がれ、かばん産業がさかんになっていったんだ。兵庫県の伝統的工芸品は、ほかに播州そろばん・丹波立杭焼・出石焼・播州毛鉤・播州三木打刃物があるよ。兵庫県は、かばんのほか、マッチ・線香類・釣針・手延べそうめんなどの工業生産額も全国一だよ。

こたえは53ページ

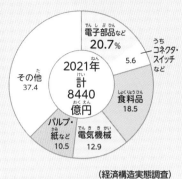

とっとり
鳥取

人口：55.1万人
面積：3507㎢

鳥取県

鳥取県の工業別生産額の割合

2021年
計
8440
億円

電子部品など
20.7%

うちコネクタ・スイッチなど 5.6

食料品
18.5

電気機械
12.9

パルプ・紙など
10.5

その他
37.4

（経済構造実態調査）

? 鳥取県の伝統的工芸品の因州和紙は、「因州筆切れず」といわれるほど書き心地がいいんだ。和紙の原料はコウゾやミツマタだよ。見本のコウゾとまったく同じ絵は、① 〜 ⑪ のうち、どれかな？

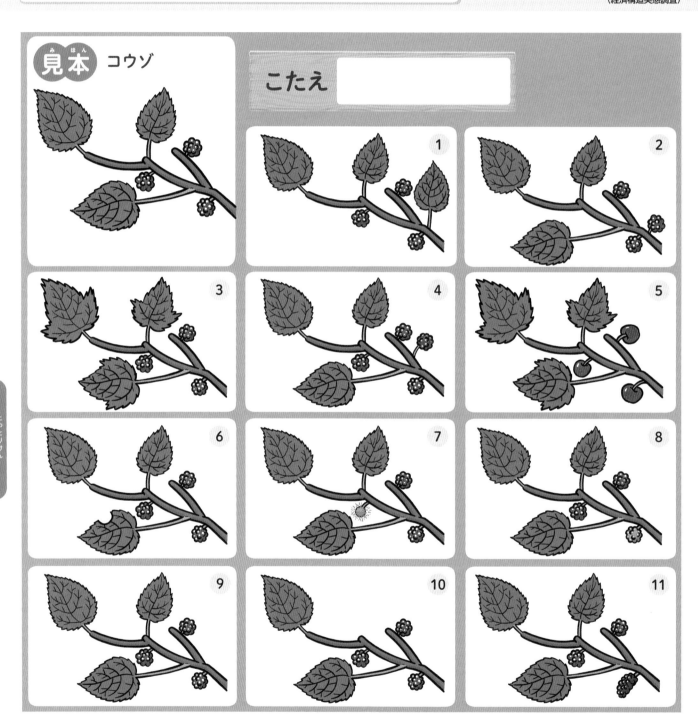

見本 コウゾ

こたえ

1 2 3 4 5 6 7 8 9 10 11

和紙は、コウゾ・ミツマタ・ガンピといった木の皮のせんいを原料として取り出し、水をはった漉舟の上で何度も漉いてつくるんだ。手づくりの和紙に対して、木材パルプを原料に機械でつくられる紙を洋紙というよ。鳥取県の伝統的工芸品は、ほかに弓浜絣・出雲石燈ろうがあるよ。

鳥取県

松江

人口：66.6万人
面積：6707k㎡

? 日本のそろばんの産地は、兵庫県の小野（播州そろばん）と島根県の奥出雲町（雲州そろばん）だけだよ。見本のそろばんとまったく同じ絵は、1〜10のうち、どれかな？

島根県の工業別生産額の割合

電子部品など 24.1%

うち抵抗器・コンデンサなど 22.8

2021年
計
12865
億円

鉄鋼 13.5

情報通信機械 12.6

その他 49.8

（経済構造実態調査）

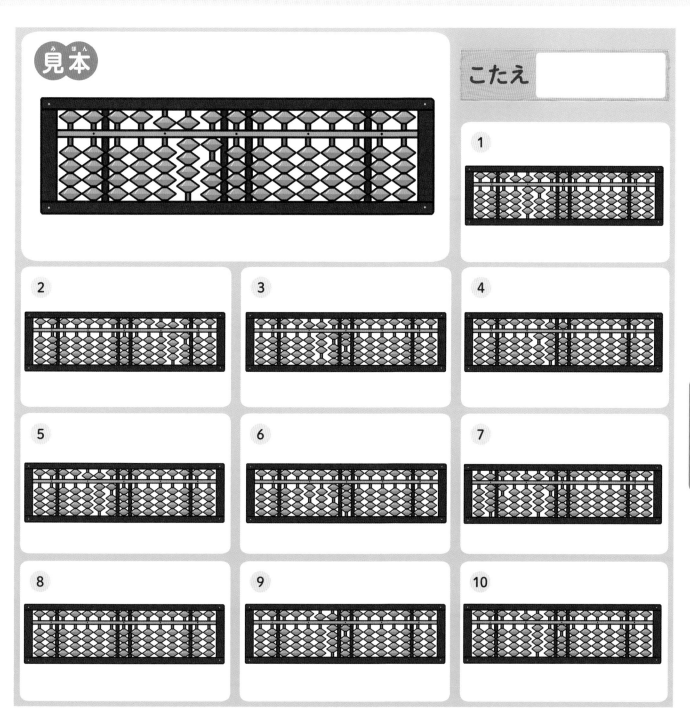

見本

こたえ

1

2

3

4

5

6

7

8

9

10

日本のそろばんは、「5」をあらわす玉が上に1つ、「1」をあらわす玉が下に4つあるものが使われているよ。3ケタごとに定位点があり、やりやすい点を基準にして使うんだ。島根県の伝統的工芸品は、雲州そろばんのほかに出雲石燈ろう・石州和紙・石見焼があるよ。島根県は、電子回路に必要な抵抗器・コンデンサなどの生産額が全国一だよ。

岡山県

人口：187.9万人
面積：7114km²

岡山

石油製品・石炭製品 20.4%
その他 50.7
2021年
計 83653 億円
化学 15.2
プラスチック 2.9
鉄鋼 13.7

（経済構造実態調査）

? 岡山県倉敷の児島地区はせんい工業がさかんで、国産初のジーンズが生産されたんだよ。ジーンズストリートのようすを描いた左右の絵を見くらべて、ちがうところを7つ見つけよう。

児島湾の干拓地で綿花が栽培されていたことから、足袋や学生服・作業服をつくるせんい工業が発達し、その技術をいかしてジーンズの生産もさかんになったんだ。倉敷の水島・児島・玉島地区には石油化学コンビナートや製鉄所なども集まり、水島臨海工業地帯をなしているよ。岡山県の伝統的工芸品は、勝山竹細工・備前焼があるよ。

岡山県

ひろしま
●広島

人口：278.8万人
面積：8479㎢

広島県
ひろしまけん

広島県の工業別生産額の割合

輸送用機械 30.7%

その他 46.6

2021年
計
99439
億円

自動車 15.2

鉄鋼 14.0

生産用機械 8.7

（経済構造実態調査）

下の5つのひらがなのいずれかは、広島県の伝統的工芸品の宮島細工の中で特に人気の高いおみやげにつながっているよ。正解のルートを通れば、名前がわかるんだ。そのおみやげは、なにかな？

こたえ

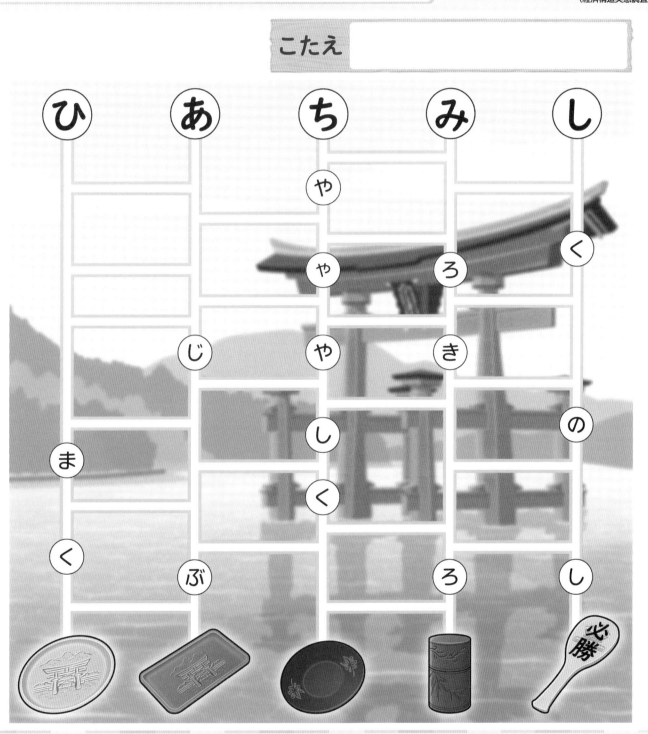

ひ　あ　ち　み　し

や
や　ろ
く
じ　や　き
の
ま　し
く
ろ
く　ぶ　ろ　し

日本三景の1つである安芸の宮島には厳島神社があり、江戸時代から多くの参拝客が訪れていたよ。ところが、島に目立った産業がなかったため、このおみやげがつくられるようになり、島民のくらしを支えたんだ。広島県の伝統的工芸品は、ほかに熊野筆・広島仏壇・福山琴・川尻筆があるよ。府中町には自動車メーカーの本社工場があるよ。

山口県

人口：134.0万人
面積：6112㎢

山口●

山口県の柳井に伝わる金魚ちょうちんは、竹ひごの骨組みに和紙を貼ってつくられるよ。見本の金魚ちょうちんとまったく同じシルエットは、1 〜 11 のうち、どれかな？

山口県の工業別生産額の割合

2021年
計
66500
億円

化学
34.3%

その他
28.1

医薬品製剤
9.5

鉄鋼
10.1

輸送用
機械 12.9

石油製品・
石炭製品
14.6

（経済構造実態調査）

こたえ

見本
金魚ちょうちん

1

2

3

4

5

6

7

8

9

10

11

柳井の中心部では、8月になると白壁の商家の家並みにたくさんの金魚ちょうちんが飾られ、夜は明かりがついて、夏の風物詩になっているんだ。山口県の伝統的工芸品は、赤間硯・大内塗・萩焼があるよ。山口県の周南と岩国に石油化学コンビナートがあり、瀬戸内工業地域の一部を形成しているよ。宇部・山陽小野田でのセメント工業もさかんだよ。

香川県（かがわけん）

人口：96.4万人
面積：1876k㎡

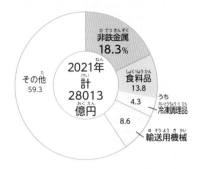

香川県の工業別生産額の割合

非鉄金属 18.3%

2021年
計
28013
億円

その他 59.3

食料品 13.8

4.3 冷凍調理品

8.6 輸送用機械

（経済構造実態調査）

？ 香川県の伝統的工芸品である丸亀うちわは、金刀比羅宮のおみやげとして広まったよ。下のたくさんのうちわの中に、見本とまったく同じうちわが1つかくれているよ。どこにあるかな？

見本（みほん）

香川県（かがわけん）

江戸時代、金刀比羅宮は全国から参拝客が集まる四国最大の行楽地となり、赤色に丸金印の丸亀うちわも有名になったよ。「伊予竹に土佐紙貼りてあわ（阿波）ぐれば讃岐うちわで至極（四国）涼しい」とうたわれたんだ。香川県の伝統的工芸品は、ほかに香川漆器があるよ。香川県は、うちわのほか、冷凍調理品・手袋の生産量が全国一なんだよ。

こたえは54ページ

37

徳島県

人口：72.6万人
面積：4146㎢

徳島県の工業別生産額の割合

35.7%
化学

その他
38.1

2021年
計
20578
億円

医薬品
製剤
29.4

電気機械
9.1

電子部品など
17.1

（経済構造実態調査）

伝統的工芸品の阿波正藍しじら織は、藍の染料で染めた徳島県の綿織物なんだ。下の5つのルートは、染料となる植物とその染料で染められた織物をつないでいるよ。藍は、どの植物かな？

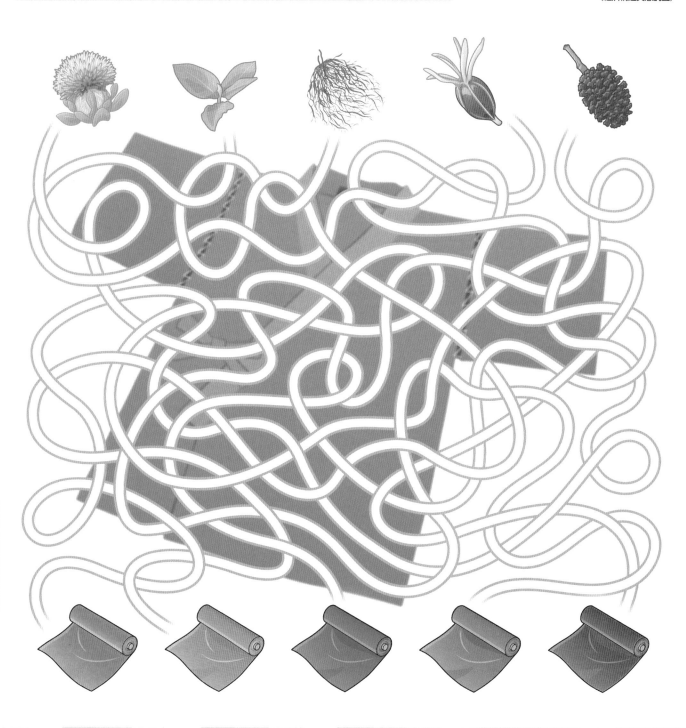

徳島県の吉野川の流域は藍の栽培がさかんで、江戸時代、阿波の藍玉と山形県の最上紅花は代表的な染料だったよ。
しじら織はタテ糸とヨコ糸の張り方の差によって、布の表面が波のような風合いになるんだ。徳島県の伝統的工芸品は、ほかに阿波和紙・大谷焼があるよ。徳島県には、製薬会社・LED・リチウムイオン電池などの大きな工場があるよ。

高知

人口：69.3万人

面積：7102㎢

高知県

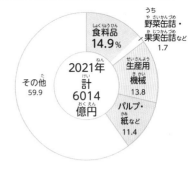

高知県の工業別生産額の割合

食料品 14.9%

野菜缶詰・果実缶詰 など 1.7

その他 59.9

2021年 計 6014 億円

生産用機械 13.8

パルプ・紙 など 11.4

（経済構造実態調査）

? 土佐凧は、竹ひごと高知県の伝統的工芸品である土佐和紙を材料につくられるよ。下のA〜Eのうち、正方形で武士の絵が描かれた土佐凧の糸を持っているのは、だれかな？

こたえ

龍

A　B　C　D　E

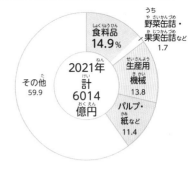

魔除けの赤い色の鮮やかさが特徴的な土佐凧は、戦国時代には風をきる音で敵を威嚇したり、戦場での距離をはかったりするのに使われたとされているんだ。土佐和紙は福井県の越前和紙・岐阜県の美濃和紙とともに日本三大和紙の１つに数えられ、高知県では洋紙や不織布づくりもさかんだよ。高知県の伝統的工芸品は、ほかに土佐打刃物があるよ。

こたえは 55 ページ

●松山

人口：134.1万人
面積：5675㎢

愛媛県の工業別生産額の割合

その他
51.5

2021年
計
47581
億円

非鉄金属
23.5%

石油製品・
石炭製品
13.5

11.5

6.3

パルプ・紙 など

うち洋紙・機械すき和紙

（経済構造実態調査）

? 愛媛県の今治では、江戸時代は綿花の産地だったことを背景に、タオルの生産がさかんだよ。下の 1 〜 11 の花のうち、見本のワタの花と同じ種類であるワタの花を4つ見つけよう。

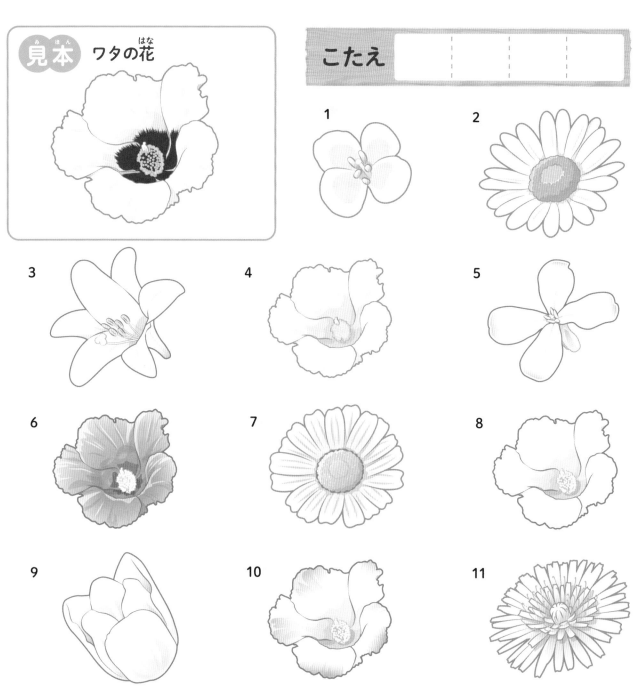

見本 ワタの花

こたえ

1

2

3

4

5

6

7

8

9

10

11

今治の綿織物づくりでは、明治時代に輸入品に押され始めると工場化と機械化がすすみ、新製品としてタオルの生産が始まったんだ。ふわふわしたコットンは、ワタの花ではなく実なんだ。愛媛県の伝統的工芸品には、砥部焼・大洲和紙があるよ。かつて銅山があった新居浜や西条で非鉄金属、四国中央で紙・紙加工品の生産もさかんだよ。

福岡

福岡県

人口：510.8万人

面積：4987㎢

？ 福岡県の伝統的工芸品の久留米絣は、江戸時代、井上伝という13歳の少女が発明したよ。下の絵の着物の中に、「絣」という漢字が1文字だけかくれているよ。どこにあるか、見つけられるかな？

福岡県の工業別生産額の割合

輸送用機械
28.6%

自動車製造 21.3

鉄鋼 11.1

食料品 10.7

その他 49.6

2021年
計
94449
億円

(経済構造実態調査)

絣は、あらかじめ糸の色を部分的に染め分けることで、かすれたような白や紺色の模様が織り出された織物だ。福岡県の伝統的工芸品は、ほかに小石原焼・博多人形・博多織・八女福島仏壇・上野焼・八女提灯があるよ。明治時代、北九州に八幡製鉄所がつくられた福岡県では、自動車の組立工場や製鉄所を中心に、北九州工業地帯が形成されているよ。

福岡県

こたえは55ページ　41

大分県
おおいたけん

人口：113.1万人
じんこう　　　　　　まんにん

面積：6340k㎡
めんせき

? 　大分県の伝統的工芸品は、別府竹細工だけだよ。江戸時代、
おおいたけん　でんとうてきこうげいひん　　べっぷたけざいく　　　　　えどじだい
別府温泉のおみやげとして広まったんだ。別府竹細工の中を
べっぷおんせん　　　　　　　　　ひろ　　　　　　　べっぷたけざいく　なか
うまく通りぬけて、スタートからゴールをめざそう。
とお

大分県の工業別生産額の割合
おおいたけん　こうぎょうべつせいさんがく　わりあい

- 非鉄金属 17.3%
ひてつきんぞく
- 鉄鋼 16.1
てっこう
- 輸送用機械 12.8
ゆそうようきかい
- 化学 12.4
かがく
- 石油製品・石炭製品 11.1
せきゆせいひん・せきたんせいひん
- その他 30.3
た
- 2021年 計 47134億円
ねん　けい　　おくえん

（経済構造実態調査）

※黒い線のところだけは越えられないよ。黒い線をさけてゴールをめざそう。
くろ　せん　　　　　　　こ　　　　　　　くろ　せん

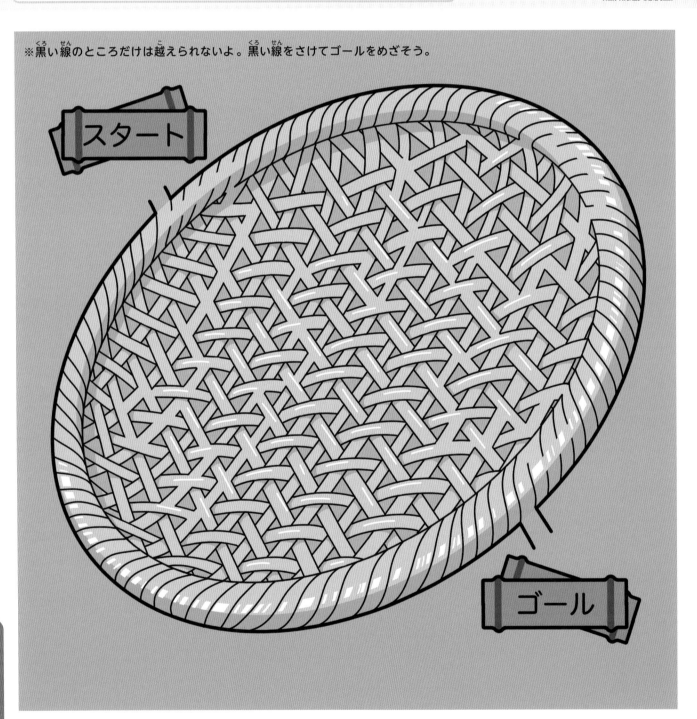

竹の生産量は鹿児島県が全国一だけれども、そのほとんどは孟宗竹で、別府竹細工の材料として使われる真竹の生産量
たけ　せいさんりょう　かごしまけん　ぜんこくいち　　　　　　　　　　もうそうちく　　べっぷたけざいく　ざいりょう　つか　　まだけ　せいさんりょう
では、大分県が全国一だよ。竹ひごで編まれる別府竹細工には、ざるのほかに、籠・箱・飾り物などの製品があるよ。
おおいたけん　ぜんこくいち　　たけ　　あ　　べっぷたけざいく　　　　　　かご　はこ　かざ　もの　　せいひん
大分の海沿いには鉄鋼・石油化学などの大きな工場が集まり、自動車・食料品・半導体の工場は県の内陸部にあるよ。
おおいた　うみぞ　　てっこう・せきゆかがく　　おお　　こうじょう　あつ　　じどうしゃ・しょくりょうひん・はんどうたい　こうじょう　けん　ないりくぶ

佐賀県

人口：81.2万人
面積：2440㎢

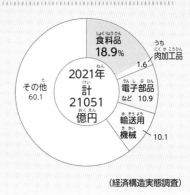

佐賀県の工業別生産額の割合

食料品 18.9%
肉加工品 1.6
うち
電子部品 など 10.9
輸送用 機械 10.1
その他 60.1
2021年 計 21051 億円

(経済構造実態調査)

? 佐賀県の伝統的工芸品は、伊万里・有田焼と唐津焼の2つだけだよ。磁器（26ページ）に絵付けされた模様の中をうまく通りぬけて、スタートからゴールをめざそう。

※黒い線のところだけは越えられないよ。
　黒い線をさけてゴールをめざそう。

スタート

ゴール

? 江戸時代はじめ、有田の周辺で磁器の原料となる陶石が発見され、日本初の磁器として有田焼の生産が始まったとされ、積み出し港の名前から伊万里焼とも呼ばれたんだ。その後、真っ白な器に華やかな赤絵が特徴的な有田焼はヨーロッパに輸出されるようになり、人気を集めたよ。佐賀県では、鳥栖にマヨネーズなど調味料・医薬品・タイヤなどの工場が集まっているよ。

長崎県

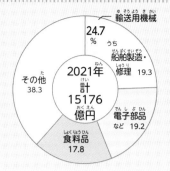

長崎県の工業別生産額の割合

2021年
計
15176
億円

輸送用機械 24.7％

うち 船舶製造・修理 19.3

電子部品 など 19.2

食料品 17.8

その他 38.3

（経済構造実態調査）

？ 長崎のガラス製品のうち、ぽっぺん（ビードロ）は口にあてて吹くと、ぽっぺんと音がするおもちゃだよ。ぽっぺんを吹くようすを描いた見本とまったく同じ絵は、① 〜 ⑤ のうち、どれかな？

見本

こたえ

江戸時代、長崎が唯一の窓口となり、オランダ・中国との長崎貿易がおこなわれたよ。ビードロはポルトガル語でガラスのことで、ガラス製品やその制作・加工技術がヨーロッパから長崎にもたらされたんだ。長崎県の伝統的工芸品は、三川内焼・波佐見焼・長崎べっ甲があるよ。また、長崎には大規模な造船所が、佐世保には船の修理工場があるよ。

熊本
●熊本

熊本県

人口：174.7万人
面積：7409km²

（経済構造実態調査）

熊本県の工業別生産額の割合

生産用機械 20.0％
うち半導体製造装置 16.9
電子部品など 12.9
輸送用機械 12.5
食料品 12.5
その他 42.1

2021年
計
32234
億円

? 肥後てまりの「肥後」は、「あんたがたどこさ」の唄にも登場する熊本県の旧国名だよ。見本のてまりの絵を左右に回転させたとき、まったく同じにならない絵は、1 ～ 14 のうち、どれかな？

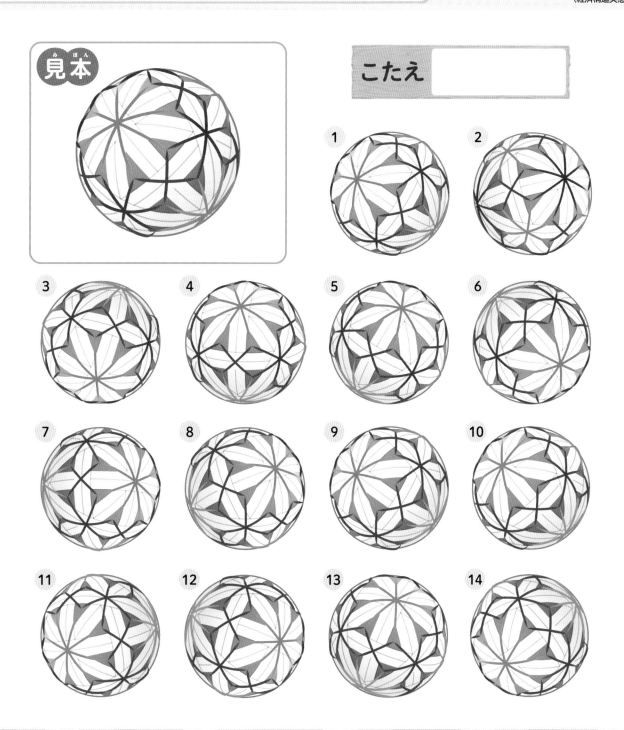

見本

こたえ

1 2 3 4 5 6 7 8 9 10 11 12 13 14

肥後てまりの芯にはヘチマが使われ、模様は刺繍糸で編まれるよ。すいかの生産量が全国一の熊本県には、肥後てまりという小玉すいかの品種もあるんだ。熊本県の伝統的工芸品は、小代焼・天草陶磁器・肥後象がん・山鹿灯籠があるよ。
半導体産業がさかんな九州はシリコンアイランドと呼ばれ、特に熊本県の各地には大きな半導体工場があるよ。

熊本県

💡 こたえは 56 ページ

宮崎県

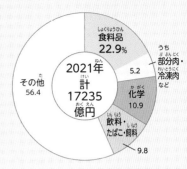

食料品
22.9%

うち部分肉・冷凍肉など

その他
56.4

2021年
計
17235
億円

5.2

化学
10.9

飲料・たばこ・飼料

9.8

（経済構造実態調査）

？ 宮崎県の都城大弓は、竹とハゼの木から手仕事でつくられる伝統的工芸品の弓だよ。弓道場でのようすを描いた上下の絵を見くらべて、ちがうところを6つ見つけよう。

都城大弓は、弓師と呼ばれる職人が竹選びから完成まで200以上の作業をすべてひとりでおこなうよ。都城地方は、全国の竹弓の大半をまかなっているんだ。宮崎県の伝統的工芸品は、ほかに本場大島紬があるよ。畜産がさかんな宮崎県は、肉用牛・ぶた・ブロイラーの飼育頭数が全国有数で、豊富な農産物をいかした食料品工業がさかんだよ。

鹿児島

人口：160.5万人
面積：9186k㎡

鹿児島県の工業別生産額の割合

2021年
計
22061
億円

食料品 33.4%
うち部分肉・冷凍肉など 10.5
飲料・たばこ・飼料 19.8
電子部品など 13.4
窯業・土石製品 11.3
その他 22.1

（経済構造実態調査）

? 鯛車は、鹿児島県の鹿児島神宮にゆかりの郷土玩具で、車輪がついていて転がして遊ぶんだよ。見本の鯛車とまったく同じシルエットは、①～⑪のうち、どれかな？

こたえ

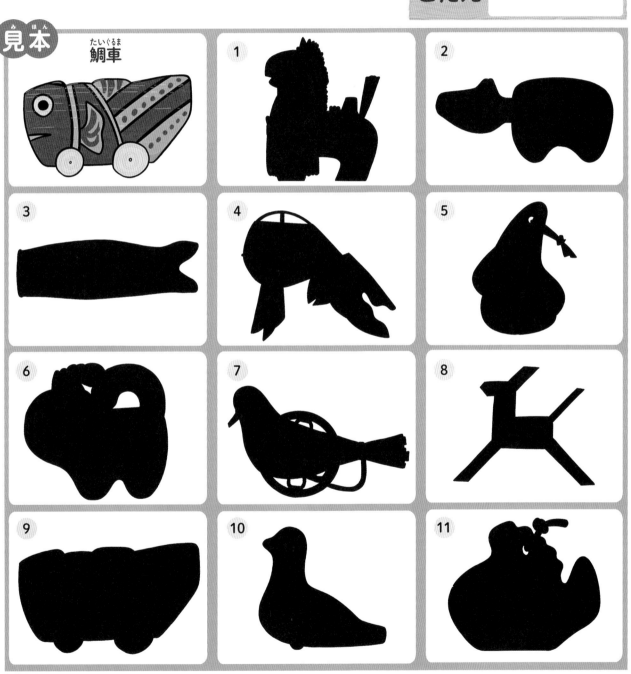

見本
鯛車

1
2
3
4
5
6
7
8
9
10
11

鹿児島神宮の鯛車は、釣り針を飲みこんで苦しんでいた鯛を山幸彦が助けたという神話にちなんでいるといわれているよ。ほかに、新潟県や埼玉県の鯛車も有名なんだ。鹿児島県の伝統的工芸品は、本場大島紬・川辺仏壇・薩摩焼があるよ。宮崎県とともに畜産がさかんな鹿児島県でも、食料品工業がさかんだよ。

鹿児島県

💡 こたえは56ページ

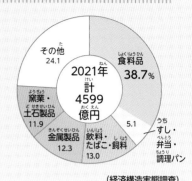

那覇

人口：148.5万人
面積：2282km²

沖縄県の工業別生産額の割合

その他 24.1
食料品 38.7%
窯業・土石製品 11.9
金属製品 12.3
飲料・たばこ・飼料 13.0
すし・弁当・調理パン 5.1
2021年 計 4599 億円

（経済構造実態調査）

? 伝統的工芸品である三線は、沖縄の民謡や音楽に欠かせない楽器で、胴の部分にヘビの皮を張るんだよ。下の1〜95の点を順番にたどると、三線のすがたがあらわれるよ。どんな楽器なのかな？

沖縄県

三線は、中国の楽器をもとに琉球王国でつくられ、やがて三味線として広まったといわれているんだ。ヘビの皮を張ることから、沖縄以外では「蛇皮線」と呼ばれることもあるよ。沖縄県の伝統的工芸品は、ほかに琉球びんがた・琉球漆器など計16もあるよ。アジアの市場に近いため、近年の沖縄県は金属製品や半導体関連の工場などが増えているよ。

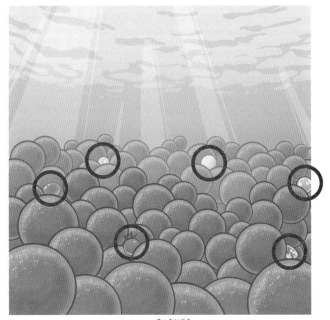

P2　北海道（ほっかいどう）

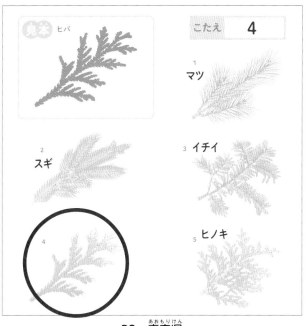

P3　青森県（あおもりけん）

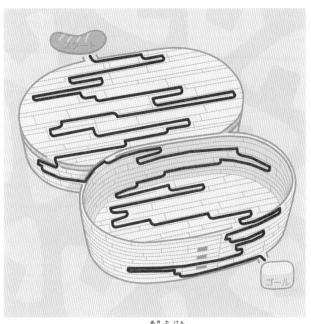

P4　秋田県（あきたけん）

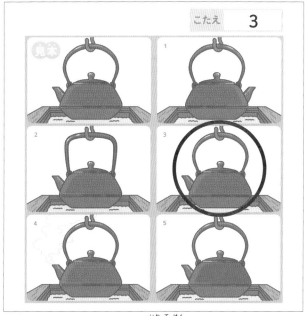

P5　岩手県（いわてけん）

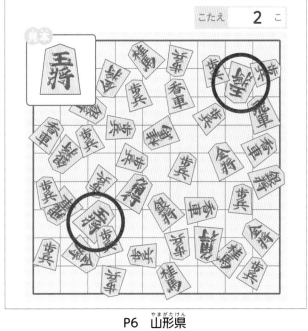

P6　山形県（やまがたけん）

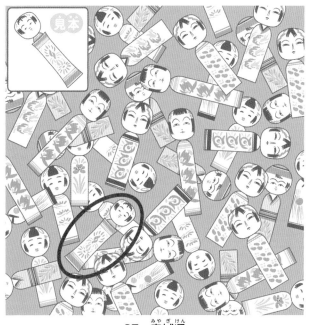

P7　宮城県（みやぎけん）

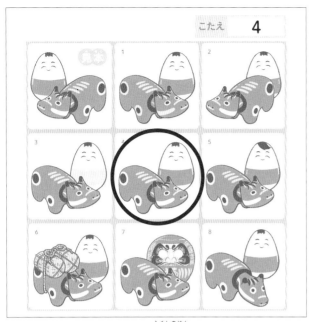

こたえ 4

P8 福島県

P9 茨城県

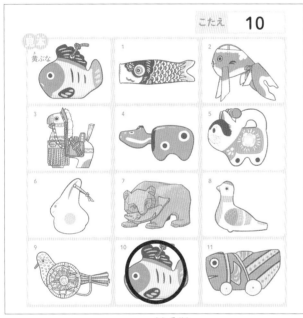

こたえ 10

P10 栃木県

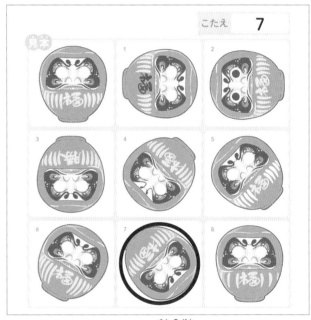

こたえ 7

P11 群馬県

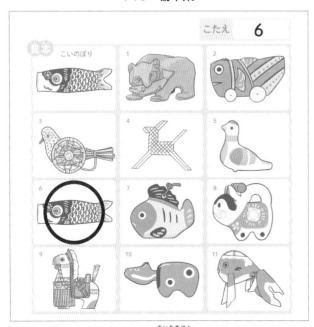

こたえ 6

P12 埼玉県

スタート

ゴール

P13 千葉県

こたえ 羽子板

P14 東京都

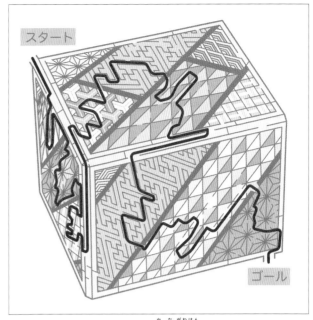

スタート

ゴール

P15 神奈川県

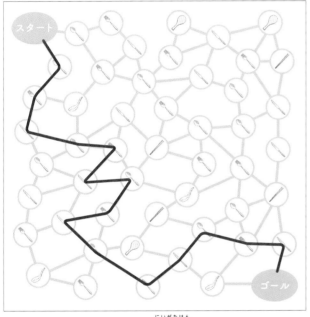

スタート

ゴール

P16 新潟県

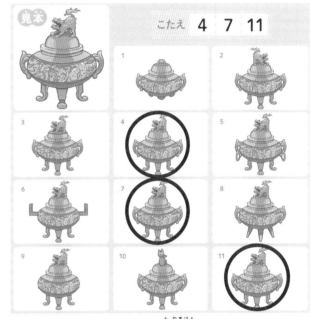

見本

こたえ 4 7 11

P17 富山県

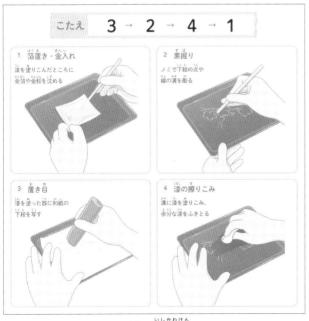

こたえ 3 → 2 → 4 → 1

1 箔置き・金入れ
漆を塗りこんだところに
金箔や金粉を詰める

2 素掘り
ノミで下絵の点や
線の溝を彫る

3 置き目
漆を塗った器に和紙の
下絵を写す

4 漆の擦りこみ
溝に漆を塗りこみ、
余分な漆をふきとる

P18 石川県

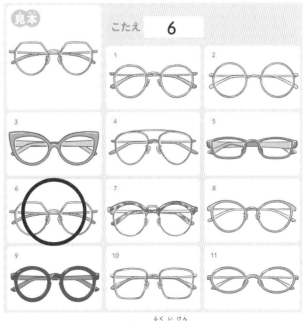

見本

こたえ 6

P19 福井県

P20　長野県

こたえ　ピアノ

P22　静岡県

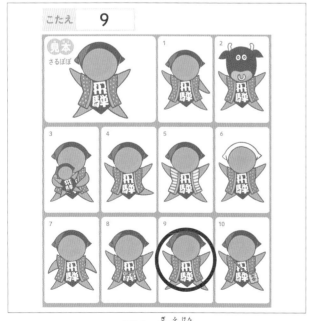

こたえ　9

P24　岐阜県

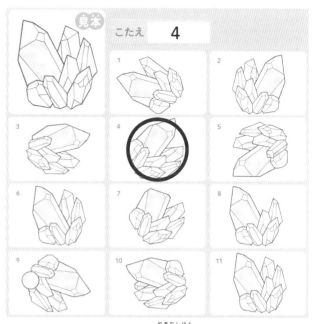

こたえ　4

P21　山梨県

P23　愛知県

P25　三重県

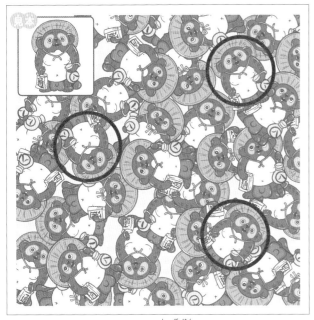

P26　滋賀県

こたえ　京

京都府の伝統的工芸品		その他
西陣織	京 くみひも	京 料理
京 鹿の子絞	京 焼・清水焼	京 言葉
京 仏壇	京 扇子	京 町家
京 仏具	京 うちわ	京 菜
京 漆器	京 黒紋付染	京 雀
京 友禅	京 石工芸品	京 野菜
京 小紋	京 人形	京 つけもの
京 指物	京 表具	
京 繍		

P27　京都府

P28　奈良県

こたえ　8

P29　和歌山県

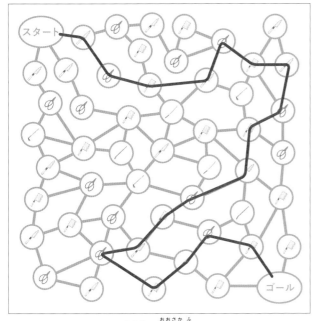

P30　大阪府

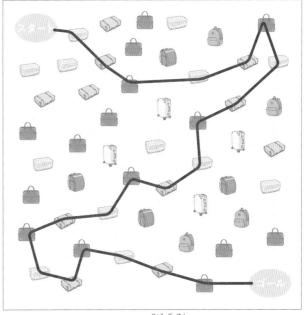

P31　兵庫県

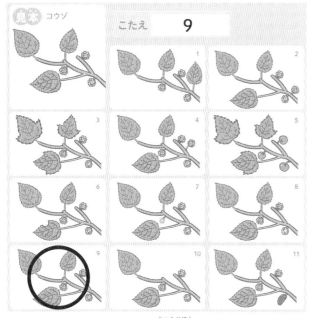

P32 鳥取県（とっとりけん）

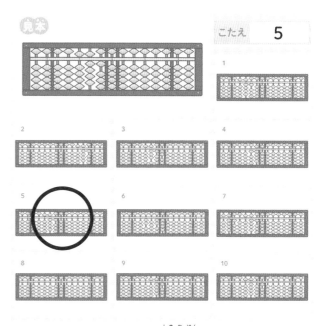

P33 島根県（しまねけん）

P34 岡山県（おかやまけん）

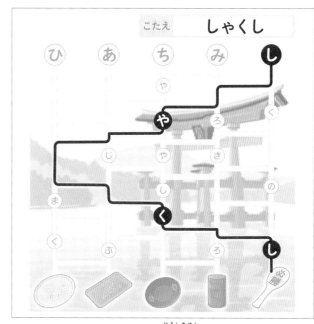

P35 広島県（ひろしまけん）

P36 山口県（やまぐちけん）

P37 香川県（かがわけん）

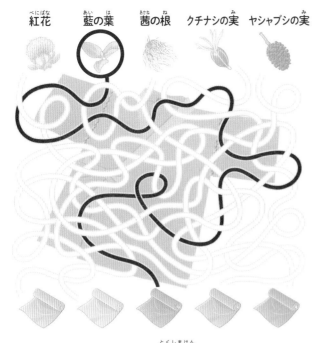

紅花（べにばな）　藍の葉（あいのは）　茜の根（あかねのね）　クチナシの実（み）　ヤシャブシの実（み）

P38　徳島県（とくしまけん）

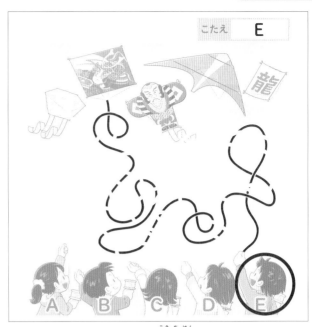

こたえ　E

P39　高知県（こうちけん）

綿の花（わたのはな）

こたえ　4　6　8　10

1　アブラナ
2　マーガレット
3　テッポウユリ
5　ダイコン
7　シュンギク
9　チューリップ
11　タンポポ

P40　愛媛県（えひめけん）

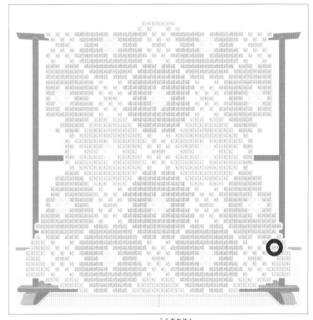

P41　福岡県（ふくおかけん）

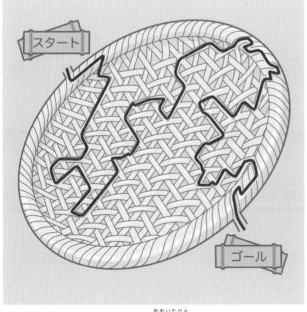

スタート　ゴール

P42　大分県（おおいたけん）

スタート　ゴール

P43　佐賀県（さがけん）

55

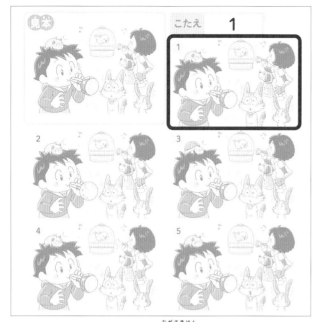

P44　長崎県

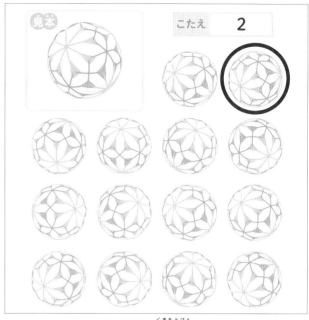

P45　熊本県

P46　宮崎県

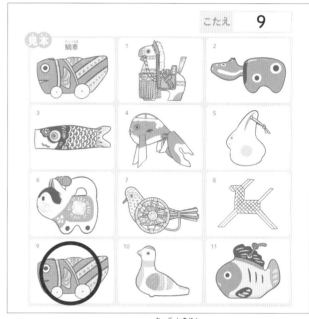

P47　鹿児島県

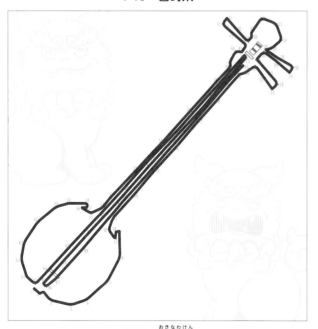

P48　沖縄県

さくいん